www.tredition.de

AF205003

Prof. Dr. Jürgen Kemper

ARBEITSRECHT effektiv
Band 4

Das Befristungsrecht

www.tredition.de

Prof. Dr. Kemper war über 20 Jahre als Repetitor, Rechtsanwalt und Fachanwalt für Arbeitsrecht tätig. Seit 2010 lehrt er an der Hochschule Hof Arbeitsrecht und Wirtschaftsprivatrecht.

© 2019 Prof. Dr. Jürgen Kemper

Verlag und Druck: tredition GmbH,
Halenreie 40-44, 22359 Hamburg

ISBN
Paperback: 978-3-7497-7012-0
Hardcover: 978-3-7497-7013-7
E-Books: 978-3-7497-7014-4

VORWORT

In Band 3 der Reihe „ARBEITSRECHT effektiv" wird das Recht der Arbeitnehmerüberlassung dargestellt. Der vorliegende Band 4 befasst sich mit einem weiteren Teilgebiet der atypischen Arbeitsverhältnisse, dem Befristungsrecht. Er richtet sich insbesondere an Studierende des Studiengangs Wirtschaftsrecht, die das Wahl- bzw. Vertiefungsfach „Arbeitsrecht" belegen. Auch Studierende der Rechtswissenschaften, der Betriebswirtschaft, des Internationalen Managements oder der verschiedenen Masterstudiengänge Personal und Arbeit können sich mit dem Werk auf Prüfungen im Befristungsrecht vorbereiten.

Wer den Normalfall eines unbefristeten, abhängigen Vollzeitarbeitsverhältnisses, bei dem der Arbeitnehmer direkt beim Arbeitgeber angestellt ist und bei diesem seine Arbeitsleistung erbringt, nicht versteht, wird die Besonderheiten befristeter Arbeitsverhältnisse nicht einordnen können. Es ist deshalb unerlässlich, über ein gefestigtes Grundlagenwissen zum Arbeitsrecht zu verfügen. Diese Kenntnisse werden in Band 1 und Band 2 der Reihe „ARBEITSRECHT effektiv" vermittelt.

Zur besseren Lesbarkeit verzichte ich auf die gleichzeitige Verwendung männlicher, weiblicher bzw. sonstiger Sprachformen. Soweit möglich, gebrauche ich die in den jeweiligen Gesetzen enthaltene Bezeichnung. Fehlt eine solche, verwende ich männliche und weibliche Sprachform „wahllos" durcheinander, es sei denn, der Zusammenhang gebietet eine bestimmte Sprachform. Alle

Personenbezeichnungen gelten selbstverständlich für alle Geschlechter und sexuellen Orientierungen.

Das Werk habe ich mit der größtmöglichen Sorgfalt erstellt. Sollten Sie dennoch Fehler oder Unrichtigkeiten feststellen, wäre ich für einen Hinweis dankbar. Auch Verbesserungsvorschläge sind jederzeit willkommen.

Prof. Dr. Kemper

Inhaltsverzeichnis

Vorwort   I

Abkürzungsverzeichnis   VII

Literaturverzeichnis   IX

A. Einführung   **1**

I. Die Arbeit mit diesem Werk   1

   1. Das Handwerk   1

   2. Grundlagen und Strukturen   2

II. Die Arbeit mit dem Gesetz   3

   1. Rechtsnormen   3

   2. Auslegungsmethoden   4

   3. Analogien   5

III. Die Fallbearbeitung im Befristungsrecht   7

   1. Fallfragen/Bearbeitungshinweise   7

   2. Erfassen des Sachverhalts   8

   3. Auffinden der richtigen Normen   8

   4. Subsumtion   9

   5. Lösungsskizze   10

   6. Ausformulierung der Klausur 11

   7. Gutachten- oder Urteilsstil? 12

B. Grundlagen des Befristungsrechts   **15**

I. Rechtlicher Rahmen   15

II. Begriffsbestimmungen   16

  1. Typische und atypische Arbeitsverhältnisse   16

  2. Befristung   17

III. Zweck des TzBfG   21

IV. Anwendungsbereich   23

V. Gründe für die Befristung von Arbeitsverhältnissen   24

VI. Wirtschaftliche Bedeutung der Befristung   24

C. Begründung befristeter Arbeitsverhältnisse   **27**

I. Schriftform, § 14 IV TzBfG   27

II. Rechtsfolgen der Nichteinhaltung der Schriftform   28

D. Beendigung befristeter Arbeitsverhältnisse   **33**

I. Beendigung aufgrund Befristung   33

II. Beendigung durch Kündigung   34

E. Sachgrundlose Befristung   **37**

I. Grundlagen   37

II. § 14 II 1 TzBfG   38

  1. Höchstdauer   38

  2. „Vereinbarung" einer sachgrundlosen Befristung   41

  3. Ausschluss einer sachgrundlosen Befristung   42

  4. Verlängerung   43

III. § 14 II 2 TzBfG   47

   1. „Mit demselben Arbeitgeber"   48

   2. „Arbeitsverhältnis"   48

   3. „Zuvor"   49

IV. § 14 IIa TzBfG   52

V. § 14 III TzBfG   54

F. Befristung mit Sachgrund   **57**

I. Grundlagen   57

II. § 14 I 2 Nr. 1 TzBfG   57

III. § 14 I 2 Nr. 2 TzBfG   58

IV. § 14 I 2 Nr. 3 TzBfG   60

V. § 14 I 2 Nr. 4 TzBfG   62

VI. § 14 I 2 Nr. 5 TzBfG   64

VII. § 14 I 2 Nr. 6 TzBfG   65

VIII. § 14 I 2 Nr. 7 TzBfG   65

IX. § 14 I 2 Nr. 8 TzBfG   67

X. Weitere Sachgründe   69

XI. Kettenbefristungen/Befristungsketten   69

G. Probezeitbefristung   **77**

I. Grundlagen   77

II. Arten von Probearbeitsverhältnissen   77

   1. Unbefristetes Arbeitsverhältnis mit Probezeit   77

   2. Befristetes Probearbeitsverhältnis, § 14 I 2 Nr. 5 TzBfG   79

   3. Befristetes Arbeitsverhältnis mit vorgeschalteter Probezeit   80

III. Dauer der Probezeit   81

H. Betriebsverfassungsrechtliche Aspekte   **83**

I.   Grundlagen   83

II. Einstellung   83

III. Unterrichtungspflichten   85

IV. Beendigung   87

I. Prozessuale Fragen   **88**

Abkürzungsverzeichnis

AG	Arbeitgeber
AGG	Allgemeines Gleichbehandlungsgesetz
Alt.	Alternative
AN	Arbeitnehmer
ArbG	Arbeitsgericht
ArbGG	Arbeitsgerichtsgesetz
BAG	Bundesarbeitsgericht
BBiG	Berufsbildungsgesetz
BetrVG	Betriebsverfassungsgesetz
BGB	Bürgerliches Gesetzbuch
BGH	Bundesgerichtshof
BV	Betriebsvereinbarung
BVerfG	Bundesverfassungsgericht
d. h.	das heißt
EG	Europäische Gemeinschaft
etc.	et cetera
EU	Europäische Union
EuGH	Europäischer Gerichtshof
EUR	Euro
f., ff.	folgend(e)
ggfl.	gegebenenfalls
GG	Grundgesetz
grds.	grundsätzlich
h. M.	herrschende Meinung
HS	Halbsatz
i. d. R.	in der Regel
i. S. d.	im Sinne des/der

i. V. m.	in Verbindung mit
KSchG	Kündigungsschutzgesetz
LAG	Landesarbeitsgericht
MuSchG	Gesetz zum Schutz von Müttern bei der Arbeit, in der Ausbildung und im Studium (Mutterschutzgesetz)
m. w. Nw.	mit weiteren Nachweisen
Nr.	Nummer
o. g.	oben genannt/e
PflegeZG	Gesetz über die Pflegezeit (Pflegezeitgesetz)
S.	Seite
SGB	Sozialgesetzbuch
sog.	sogenannte/r
TV	Tarifvertrag
TzBfG	Gesetz über Teilzeitarbeit und befristete Arbeitsverträge
u. a.	unter anderem
u. U.	unter Umständen
vgl.	vergleiche
WissZeitVG	Gesetz über befristete Arbeitsverträge in der Wissenschaft (Wissenschaftszeitvertragsgesetz)
z. B.	zum Beispiel

Literaturverzeichnis

Boecken/Joussen, Teilzeit- und Befristungsgesetz, Handkommentar, Nomos Verlag, 6. A. 2019 (zitiert: HK-TzBfG/*Bearbeiter*)

Böhm/Hennig/Popp, Zeitarbeit und Arbeiten 4.0, Verlag Luchterhand, 4. A. 2017

Bundesagentur für Arbeit (Hrsg.), Statistik/Arbeitsmarktberichterstattung, Aktuelle Entwicklungen in der Zeitarbeit, Januar 2019

Däubler/Kittner/Klebe (Hrsg.), Betriebsverfassungsgesetz, Bund Verlag, 16. Auflage 2018 (zitiert: Däubler/*Bearbeiter*)

Düwell (Hrsg.), Betriebsverfassungsgesetz Handkommentar, Nomos Verlagsgesellschaft, 5. Auflage 2018 (zitiert: HaKo-BetrVG/*Bearbeiter*)

Düwell, Kittner, Klebe (Hrsg.), Betriebsverfassungsgesetz, Nomos Verlagsgesellschaft, 4. Auflage 2014 (zitiert: DKK/*Bearbeiter*)

Fitting, Engels, Schmidt, Trebinger, Linsenmaier, Betriebsverfassungsgesetz, Verlag Vahlen, 29. A. 2018 (zitiert: Fitting)

Fleiner-Gerster, Wie soll man Gesetze schreiben?, Verlag Haupt, 1985

Hümmerich/Boecken/Düwell (Hrsg.), AnwaltKommentar Arbeitsrecht, Band 2, 2008, Deutscher Anwalt Verlag (zitiert: AnwK-ArbR/*Bearbeiter*)

Junker, Fälle zum Arbeitsrecht, Verlag C. H. Beck, 3. A. 2015

Kallwass/Abels, Privatrecht, Verlag Vahlen, 22. A., 2015

Kemper, Arbeitsrecht effektiv, Band 1, Einführung in das Arbeitsrecht, Verlag tredition, 2018

Kemper, Arbeitsrecht effektiv, Band 2, Fallsammlung, Verlag tredition, 2018

Kemper, Arbeitsrecht effektiv, Band 3, Arbeitnehmerüberlassungsrecht, Verlag tredition, 2019

Möllers, Juristische Arbeitstechnik und wissenschaftliches Arbeiten, Verlag Vahlen, 9. A. 2018

Müller-Glöge, Preis, Schmidt (Hrsg.), Erfurter Kommentar zum Arbeitsrecht, Verlag C. H. Beck, 20. A. 2020, (zitiert: ErfK/*Bearbeiter)*

Palandt, Bürgerliches Gesetzbuch, Verlag C. H. Beck, 78. A. 2019 (zitiert: Palandt/*Bearbeiter)*

Radbruch, Rechtsphilosophie, K. F. Koehler Verlag, 5. A. 1956, bearbeitet nach dem Tode des Verfassers von Dr. Erik Wolf

Schaub, Arbeitsrechts-Handbuch, Verlag C. H. Beck, 17. A. 2017 (zitiert: Schaub/*Bearbeiter)*

Schwacke, Juristische Methodik, Verlag Kohlhammer, 5. Auflage 2011

Tschöpe, Arbeitsrecht Handbuch, Verlag Dr. Otto Schmidt, 10. A. 2017 (zitiert: Tschöpe/*Bearbeiter)*

Wedde, Arbeitsrecht, Kompaktkommentar zum Individualarbeitsrecht mit kollektivrechtlichen Bezügen, Bund Verlag, 6. A. 2018 (zitiert: Wedde/*Bearbeiter)*

Zippelius, Juristische Methodenlehre, Verlag C. H. Beck, 11. A. 2012

A. Einführung

I. Die Arbeit mit diesem Werk

1. Das Handwerk

Welche Lernmethode die effektivste ist, um sich den Inhalt dieses Skripts anzueignen, muss jeder für sich selbst herausfinden. Nach meinen Erfahrungen setzt effektives und effizientes Lernen und Behalten aber meist voraus, sich mehrfach und vor allem eigenständig mit dem Stoff auseinanderzusetzen bzw. zu beschäftigen. Ziel eines juristischen Studiums, sei es an einer Hochschule für angewandte Wissenschaften (Fachhochschule) im Studiengang Wirtschaftsrecht oder an der Universität im Studium der Rechtswissenschaften, ist es u. a., aufgrund des erworbenen Wissens in der Lage zu sein, praxisrelevante Rechtsfragen angemessen beantworten zu können. Niemand kann heute mehr alle Einzelprobleme auch nur eines einzigen Rechtsgebiets kennen. Dies gilt auch für das in diesem Skript behandelte Befristungsrecht. Daher sollten Sie nicht den Fehler machen, sich den mutmaßlich prüfungsrelevanten Stoff ausschließlich in Form einer „Lernbulimie" anzueignen. Wichtig ist es vielmehr, die Strukturen und Grundlagen des jeweiligen Rechtsgebiets zu verstehen. Dann werden Sie auch in der Lage sein, sich schnell in vertiefende Themen einzuarbeiten und unbekannte Probleme in einer Klausur jedenfalls befriedigend lösen zu können.

2. Grundlagen und Strukturen

Band 1 der Reihe „ARBEITSRECHT effektiv" enthält die Grundlagen des Individualarbeitsrechts, die Sie in den ersten Semestern kennen müssen. In Band 2 lernen Sie die klausur- und prüfungsmäßige Anwendung dieser und weitergehender Kenntnisse, die Sie in höheren Semestern benötigen. Band 3 befasst sich mit dem Arbeitnehmerüberlassungsrecht, das zu den sog. atypischen Arbeitsverhältnissen gehört.

Der vorliegende Band 4 behandelt das Befristungsrecht. Bevor Sie sich mit speziellen Einzelproblemen befristeter Arbeitsverträge befassen können, ist es notwendig, zunächst die Grundlagen des Befristungsrechts zu kennen, die in Teil B. dargestellt werden. Aufbauend auf das damit erworbene Basiswissen werden Sie die Voraussetzungen zur Begründung (Teil C.) und Beendigung befristeter Arbeitsverhältnisse (Teil D.) kennenlernen. Anschließend werden die Möglichkeiten der Befristung von Arbeitsverhältnissen ohne Sachgrund (Teil E.) dargestellt, Teil F. erläutert die Befristung mit Sachgrund. Ein Sonderfall befristeter Arbeitsverhältnisse, das Probearbeitsverhältnis, wird in Teil G. erklärt. Teil H. widmet sich den betriebsverfassungsrechtlichen Aspekten. In Teil I. werden schließlich die in Zusammenhang mit befristeten Arbeitsverhältnissen auftretenden prozessualen Fragen erläutert.

II. Die Arbeit mit dem Gesetz

Wer herausragende Noten bekommen möchte, muss sich mit den Grundlagen der juristischen Methodenlehre befassen.[1] Damit sind nicht nur „Techniken" bei der Lösung einer Klausur gemeint.[2] Notwendig sind vielmehr auch Kenntnisse über die Besonderheiten der Rechtssprache und insbesondere der Auslegung von Gesetzen. Die nachfolgenden Ausführungen können eine vertiefende Auseinandersetzung mit juristischer Methodik nicht ersetzen. Sie sollen aber einen Überblick über die wichtigsten Grundlagen rechtswissenschaftlicher Methoden geben und können gleichzeitig für Sie dazu dienen, einige wesentliche Merkmale juristischer Arbeitstechniken zu wiederholen.

1. Rechtsnormen

Nach Auffassung der Philosophen in der Antike war das Recht eingebettet in eine unabänderbare Seinsordnung, in den sog. „nomos".[3] Im Mittelalter war man der Meinung, Recht werde nicht geschaffen oder gesetzt, sondern sei vielmehr vorgegeben. Mit der Entwicklung der Souveränitätsidee[4] setzte sich die Auffassung durch, maßgebliche Rechtsquelle sei allein das vom Souverän geschaffene Recht. Dieses enthalte allgemein verbindliche Regelungen, sei an eine unbestimmte Anzahl von Personen gerichtet ist, beanspruche Geltung, ohne dass der Normadressat damit einverstanden sei oder zugestimmt habe.[5]

---

[1] Vgl. z. B. *Schwacke*, Juristische Methodik; *Zippelius*, Juristische Methodenlehre.
[2] Vgl. A. III. 3., 4.
[3] Vgl. *Kemper*, Überleitungsgerechtigkeit, S. 1, mit Hinweis auf *Fleiner-Gerster*, Wie soll man Gesetze schreiben?, S. 120.
[4] Vgl. *Zippelius*, Allgemeine Staatslehre, § 9.
[5] Zur Bedeutung von Rechtsnormen siehe weitergehend *Radbruch*, Rechtsphilosophie, S. 135 ff.

2. Auslegungsmethoden

Normen enthalten i. d. R. Tatbestandsmerkmale (Voraussetzungen) und Rechtsfolgen. Enthält die Norm selbst eine Legaldefinition für Tatbestandsmerkmale, ist die Subsumtion unproblematisch. Oftmals ist jedoch nicht eindeutig erkennbar, was unter einem Tatbestandsmerkmal zu verstehen ist. Dies ist etwa der Fall bei unbestimmten Rechtsbegriffen, die entweder durch die Rechtsprechung und/oder durch Auslegung konkretisiert werden müssen.[6]

Beispiel
Der Begriff „unverzüglich" lässt grundsätzlich unterschiedliche Interpretationen zu. Er ist jedoch in § 121 BGB definiert als „ohne schuldhaftes Zögern". Was ein „wichtiger Grund" i. S. d. § 626 I BGB ist, wird in der Norm nicht näher beschrieben. Es handelt sich um einen unbestimmten Rechtsbegriff, der von der Rechtsprechung durch eine zweistufige Prüfung konkretisiert worden ist.[7]

Beispiel
Gemäß § 14 I 1 TzBfG ist die Befristung eines Arbeitsverhältnisses zulässig, wenn ein Sachgrund vorliegt. § 14 I 2 TzBfG enthält Beispiele, bei denen „insbesondere" ein Sachgrund vorliegt. Auch wenn dieser Katalog schon eine nähere Einordnung zulässt, stellt er keine Definition des unbestimmten Rechtsbegriffs Sachgrund dar. Die Formulierung „insbesondere" zeigt, dass es auch noch andere Sachgründe geben kann. Er bedarf daher einer durch Auslegung vorzunehmenden Begriffsbestimmung.[8]

---

[6] Vgl. *Möllers*, Juristische Arbeitstechnik, § 3 II. 1.
[7] Zur Systematik und zur Kritik an diesem Vorgehen vgl. ErfK/*Müller-Glöge*, § 626 Rn. 14 ff.
[8] So ErfK/*Müller-Glöge*, § 14 Rn. 4; Wedde/*Schertel*, § 14 TzBfG Rn. 2.

Die wichtigsten Auslegungsmethoden sind:

a. Grammatikalische Auslegung

Diese Methode setzt am Wortlaut an. Was ist nach allgemeinem und juristischem Verständnis unter einem Begriff oder einer Norm zu verstehen?

b. Systematische Auslegung

Die systematische Auslegung orientiert sich an der Stellung der Norm im Gesetz. In welchem Abschnitt des Gesetzes steht die Norm? Wie lauten die Überschriften dieses Abschnitts? Wie ist das Verhältnis der Normen zueinander?

c. Historische Auslegung

Hier wird z. B. die Entstehungsgeschichte der Norm betrachtet. Dafür ist oftmals ein Blick in die Gesetzesentwürfe notwendig. In einer Klausur werden Sie diese Auslegungsmethode folglich nicht anwenden können, es sei denn, Sie kennen die Entwicklungsgeschichte eines Gesetzes.

d. Teleologische Auslegung

Bei dieser Form der Auslegung knüpft man an Sinn und Zweck der Regelung an. Was will der Gesetzgeber mit der Norm, ggfl. mit dem gesamten Gesetz erreichen? Auch hier ist im Zweifel eine Prüfung der Gesetzesentwürfe notwendig.

3. Analogien

Finden Sie in der Klausur keine auf den Sachverhalt passende Norm, kommt die analoge Anwendung einer anderen Norm in Betracht.

Beispiel
Bei der sog. privilegierten Arbeitnehmerhaftung gibt es keine direkt anwendbare Vorschrift, aufgrund derer ein mitverantwortliches Verhalten des Arbeitgebers berücksichtigt werden kann. Über § 254 BGB analog muss sich der Arbeitgeber aber die Betriebsgefahr seines Unternehmens anrechnen lassen.[9]

Voraussetzungen für einen solchen Analogieschluss sind:

▶ eine Regelungslücke, d. h. der Sachverhalt kann nicht unter eine bestimmte Norm subsumiert werden,

▶ die Lücke muss planwidrig sein, d. h. der Gesetzgeber darf das Nichtregeln des Sachverhalts nicht „absichtlich gemacht" haben; anders ausgedrückt: der Gesetzgeber hat übersehen, dass es diese Lücke gibt und

▶ nicht geregelter und geregelter Sachverhalt müssen miteinander vergleichbar sein.

---

[9] Vgl. ErfK/*Preis*, § 619a BGB, Rn. 10.

III. Die Fallbearbeitung im Befristungsrecht

1. Fallfragen/Bearbeitungshinweise

In Klausuren, die das Befristungsrecht betreffen, wird meist nicht die Beantwortung theoretischer Fragen oder die bloße Wiedergabe von Wissen gefordert, sondern die Bearbeitung und Lösung konkreter Sachverhalte. Eine solche Klausurgestaltung hat den Vorteil, dass Ihnen durch das Verständnis für juristisches Arbeiten und Aufbautechniken eine Lösung auch dann gelingen kann, wenn Ihnen der Sachverhalt unbekannt ist.[10]

Häufige Fragestellungen in Klausuren zum Befristungsrecht sind z. B.:

"Ist die Befristung des Arbeitsvertrags vom ... wirksam?"
„Hat eine Klage auf Feststellung des Bestehens eines unbefristeten Arbeitsverhältnisses Aussicht auf Erfolg?" [11]
„Ist eine sachgrundlose Befristung des Arbeitsverhältnisses zulässig?"

Auch wenn Ihnen andere Fragen viel interessanter erscheinen und Sie diese auch viel besser beantworten könnten - beantworten Sie nur die Fallfrage. Machen Sie keine ausschweifenden theoretischen Ausführungen zu Fragen, die nicht entscheidungserheblich (für die Lösung des Falls) sind. Aus der Fragestellung leiten sich vielfach auch Aufbau und anzuwendende Rechtsnormen ab.

---

[10] Zur juristischen Aufbautechnik vgl. *Kallwass/Abels*, Privatrecht, § 123.
[11] Die Zulässigkeit einer Klage ist oftmals nicht zu prüfen. Wenn doch, lautet die Fallfrage i. d. R.: *„Ist die Klage zulässig und begründet?"* Achten Sie aber immer auf die konkreten Bearbeitungshinweise.

Klausurtipp

Bei sog. Anspruchsklausuren („Hat ... gegen ... einen Anspruch auf ...") bietet sich eine Unterteilung der Prüfung an in:

▶ Anspruch entstanden?
▶ Anspruch erloschen?
▶ Anspruch durchsetzbar?

Die Frage nach der Wirksamkeit einer Befristung stellt keine Anspruchsklausur dar. Die Prüfung erfolgt anhand des noch darzustellenden Prüfungsschemas.

Neben der Bearbeitung eines Falls können Teile der Klausur auch ergänzende Einzelfragen sein. Diese werden Sie meist durch das in den Vorlesungen und bei der Lösung von Klausuren erworbene Wissen beantworten können.

2. Erfassen des Sachverhalts

Lesen Sie den Sachverhalt mindestens zweimal, besser dreimal. In komplexen Fällen sollten Sie eine Zeitschiene fertigen, aus der Sie den Ablauf der Geschehnisse mit einem Blick erfassen können. Während des Lesens des Sachverhalts sollten Sie sich bereits erste Ideen notieren. Der Sachverhalt darf grundsätzlich nicht verändert werden. Machen Sie also keine „Sachverhaltsquetsche", d. h. biegen Sie sich den Sachverhalt nicht so hin, dass er auf das von Ihnen erworbene Wissen passt.

3. Auffinden der richtigen Normen

Haben Sie den Sachverhalt vollständig erfasst, bereitet das Auffinden der richtigen Normen meist kein großes Problem. Oft ergeben sich die anzuwendenden Vorschriften bereits aus der Fallfrage selbst.

Inhaltlich geht es bei dieser Frage um die Zulässigkeit einer Befristung. Durch einen Blick in das Gesetz werden Sie schnell den mit *„Zulässigkeit der Befristung"* überschriebenen § 14 TzBfG finden.[12]

Sollten Sie nicht genau wissen, welche Norm einschlägig sein könnte, nutzen Sie im Zweifel das Stichwortverzeichnis der Gesetzessammlung. Hilfreich kann auch das Inhaltsverzeichnis des anzuwendenden Gesetzes sein.[13] Prüfen Sie vorsorglich auch einige Vorschriften vor und nach der anzuwendenden Norm. Hieraus ergibt sich häufig der Kontext der Regelung.

4. Subsumtion

Unter Subsumtion versteht man die Prüfung, ob ein Sachverhalt die Tatbestandsvoraussetzungen einer Rechtsnorm erfüllt.[14] Sie "pendeln" also zwischen Sachverhalt und Rechtsnorm hin und her.[15] Sind die Tatbestandsvoraussetzungen erfüllt, ergibt sich die in der jeweiligen Norm bestimmte Rechtsfolge („wenn ... dann ...").

---

[12] Sodann müssen Sie weiter prüfen, ob es um eine sachgrundlose Befristung geht oder um eine solche mit Sachgrund.
[13] Bei Gesetzessammlungen (z. B. die DTV-Ausgaben zum Arbeitsrecht) fehlt allerdings i. d. R. das Inhaltsverzeichnis.
[14] Zur Subsumtionstechnik vgl. weitergehend *Möllers*, Juristische Arbeitstechnik, § 2 2. c).
[15] Meist ist es sinnvoll, die unproblematischen Voraussetzungen bzw. Tatbestandsmerkmale zuerst zu prüfen.

5. Lösungsskizze

Als Faustregel gilt, dass 1/4 - 1/3 der zur Verfügung stehenden Zeit für die Sachverhaltserfassung und Gliederung bzw. Lösungsskizze verwendet werden sollte. Der Rest steht für Ausformulierung und nochmaliges Lesen sowie Kontrollieren der Lösung zur Verfügung. Die Lösungsskizze ist das „Drehbuch" Ihrer Klausur. Je besser die Lösungsskizze ist, desto besser wird die Klausur sein. Die Lösungsskizze müssen Sie i. d. R. nicht mit der Klausur abgeben. Sollten Sie in Zeitprobleme kommen und die Klausur nicht vollständig lösen können, kann die Beifügung der Lösungsskizze aber sinnvoll sein.

Nutzen Sie bei der Lösungsskizze zur Zeitersparnis Abkürzungen für immer wieder auftauchende Begriffe. Solche Abkürzungen können z. B. sein:

► Betriebsrat = BR
► Arbeitnehmer = AN
► Arbeitgeber = AG
► Arbeitsvertrag = AV
► außerordentliche Kündigung = aoK

▶ ordentliche Kündigung = oK

▶ verhaltensbedingte Kündigung = vbK

▶ Arbeitnehmerüberlassung = AÜ

Ob Sie solche Abkürzungen auch in der ausformulierten Klausur verwenden dürfen, erfragen Sie am besten in Ihrer Vorlesung.[16]

6. Ausformulierung der Klausur

Bei der Ausformulierung der Klausur beachten Sie bitte die Formalien, z. B. *"Blätter nur einseitig beschreiben"* oder *„Korrekturrand 5 cm"*. Bemühen Sie sich um eine lesbare Schrift, da nicht lesbare Teile i. d. R. nicht bewertet werden können. Beachten Sie, dass nicht nur die Lösung selbst, sondern auch die äußere und innere Gestaltung der Fallbearbeitung relevant ist. Eine klare, nachvollziehbare Gedankenführung spiegelt sich in der Form der Arbeit wider. Vielfach bieten sich auch kurze Überschriften an, die dem Korrigierenden den Überblick erleichtern. Juristische Klausuren werden grundsätzlich in ganzen Sätzen gelöst und nicht nur durch stichwortartige Begriffe.[17] Bemühen Sie sich um objektive und sachliche Begründungen. Vermeiden Sie möglichst Bandwurmsätze.[18]

Setzen Sie die richtigen Schwerpunkte. Bearbeiten Sie nur das, was für die Beantwortung der Fallfrage notwendig ist. So sollten Sie sich etwa mit der Frage, unter welchen Voraussetzungen ein befristetes Arbeitsverhältnis gekündigt werden kann (vgl. § 15 III

---

[16] Zur besseren Lesbarkeit wird in den nachfolgenden Ausführungen auf Abkürzungen weitgehend verzichtet.
[17] Beachten Sie auch hierzu die Hinweise zu den Formalien in der Arbeit.
[18] Zur Klausurtechnik vgl. auch *Junker*, Fälle zum Arbeitsrecht, S. 1 - 25.

TzBfG), nur dann beschäftigen, wenn es hierfür Anhaltspunkte im Sachverhalt gibt. Legen Sie das Schwergewicht der Argumentation auf die zentralen Probleme.

7. Gutachten- oder Urteilsstil?

Gutachten- und Urteilsstil[19] sind Begriffe für unterschiedliche juristische Arbeitstechniken. In den praxisorientierten Studiengängen an Fachhochschulen, wie z. B. Wirtschaftsprivatrecht oder Betriebswirtschaftslehre, wird meist nicht verlangt, eine Klausur vollständig im Gutachtenstil zu lösen. Dennoch sollten Sie zeigen, dass Sie die Probleme des Falls und deren Gewichtung erkennen. Diese Möglichkeit bietet Ihnen der Gutachtenstil. Beim Gutachtenstil beginnt man mit dem, was man eigentlich prüfen will:

> *„Fraglich ist, ob die Befristung wirksam ist …?"*
> *„Problematisch ist, ob eine Zuvorbeschäftigung i. S. d. § 14 II 2 TzBfG vorliegt."*

Dann folgen die eigentliche Prüfung und schließlich das Ergebnis, z. B.:

> *„Somit ist eine sachgrundlose Befristung nach § 14 II 1 TzBfG möglich."*

Beim Urteilsstil wird das Ergebnis vorangestellt, sodann folgt die eigentliche Prüfung. Entscheidungen von Gerichten sind stets im Urteilsstil verfasst. Dementsprechend lauten die Formulierungen hier:

---

[19] Ausführlich zur Unterscheidung von Gutachten- und Urteilsstil *Möllers*, Juristische Arbeitstechnik, § 4 3. d).

„Die Befristung ist unwirksam."
„Zwischen den Parteien hat bereits zuvor ein Arbeitsverhältnis i. S. d.
§ 14 II 2 TzBfG bestanden."

Gute Klausuren zeichnen sich dadurch aus, dass der Verfasser das juristische „Handwerk" beherrscht und die Probleme und Schwerpunkte der Klausur erkennt. Beginnen Sie daher alle Klausuren mit einem Obersatz, der in die weitere Prüfung einleitet:

„Die Entfristungsklageklage hat Aussicht auf Erfolg, wenn sie zulässig und begründet ist."
„Die Befristung ist wirksam, wenn sie formgerecht und auch im Übrigen zulässig ist."

Unproblematisches oder Unwesentliches können Sie stets im Urteilsstil lösen:

„Da die Befristung laut Sachverhalt am 31.12.2019 enden soll, liegt ein kalendermäßig befristeter Arbeitsvertrag i. S. d. § 3 I 2 Alt. 1 TzBfG vor.
Zwischen ... und ... besteht laut Sachverhalt ein Arbeitsvertrag i. S. d. § 611a I BGB."

WICHTIG
In der Klausur dürfen Sie nur zulässige Hilfsmittel verwenden. Skripten, Lehrbücher etc. gehören natürlich nicht dazu. Sie müssen daher in der Lage sein, („nur") mit dem Gesetz zu arbeiten. Die Arbeit mit dem Gesetz lernen Sie aber nur durch Übung. Lesen Sie deshalb jede Norm, die im vorliegenden Skript genannt wird, sorgfältig durch.

B. Grundlagen des Befristungsrechts

I. Rechtlicher Rahmen

Die wesentlichen Vorschriften zum Befristungsrecht finden sich im „Gesetz über Teilzeitarbeit und befristete Arbeitsverträge - TzBfG".[20] Das TzBfG setzte die sich aus dem Europarecht, insbesondere der „Richtlinie 1997/81/EG des Rates vom 15. Dezember 1997 zu der von UNICE, CEEP und EGB geschlossenen Rahmenvereinbarung über befristete Arbeitsverträge"[21] und der „Richtlinie 1999/70/EG des Rates vom 28. Juni 1999 zu der EGB-UNICE-CEEP-Rahmenvereinbarung über befristete Arbeitsverträge"[22], ergebenden Vorgaben um. Ziel der europäischen Regelungen ist einerseits, durch geeignete Maßnahmen sicherzustellen, dass Arbeitnehmer mit befristeten Arbeitsverträgen nicht diskriminiert werden. Zweites Hauptziel ist die Verhinderung von missbräuchlichen Ketten befristeter Arbeitsverhältnisse.[23]

Gemäß § 23 TzBfG bleiben besondere Regelungen über die Befristung von Arbeitsverträgen nach anderen gesetzlichen Vorschriften unberührt. Solche anderen Regelungen sind z. B. im WissZeitVG, dem PflegeZG, dem BEEG und dem BBiG enthalten.[24] Tarifverträge unterfallen zwar nicht dem Anwendungsbereich des § 23 TzBfG, da sie keine „gesetzlichen" Vorschriften

---

[20] Gemäß § 620 III BGB gilt für Arbeitsverträge, die auf bestimmte Zeit abgeschlossen werden, das TzBfG.
[21] ABl. 1997 L 14, S. 9.
[22] ABl. 1999 L 175, S. 43.
[23] Vgl. § 1 der Richtlinie 1999/70/EG des Rates vom 28. Juni 1999 zu der EGB-UNICE-CEEP-Rahmenvereinbarung über befristete Arbeitsverträge, ABl. 1999 L 175, S. 43, 46.
[24] Vgl. die weitergehende Aufzählung bei Schaub/*Koch*, § 38 Rn. 7 ff.

darstellen. Tarifverträge sind aber dennoch in der Praxis von erheblicher Bedeutung.[25]

II. Begriffsbestimmungen

1. Typische und atypische Arbeitsverhältnisse

Das Befristungsrecht gehört zu den sog. atypischen Arbeitsverhältnissen. Hierunter versteht man, vereinfacht gesagt, alle von einem Normalarbeitsverhältnis abweichenden Beschäftigungsverhältnisse. Normalarbeitsverhältnisse (typische Arbeitsverhältnisse) weisen folgende Merkmale auf:

► unbefristet,

► weisungsgebundene Tätigkeit,

► betriebliche Eingliederung,

► Vollzeittätigkeit,

► existenzsicherndes Einkommen,

► Integration in soziale Sicherungssysteme.

Das Statistische Bundesamt versteht unter einem Normalarbeitsverhältnis

„... ein abhängiges Beschäftigungsverhältnis ..., das in Vollzeit oder in Teilzeit ab 21 Wochenstunden und unbefristet ausgeübt wird. Ein Normalarbeitnehmer arbeitet zudem direkt in dem Unternehmen, mit dem er einen Arbeitsvertrag hat. Bei Zeitarbeitnehmerinnen und -arbeitnehmern, die von ihrem Arbeitgeber – der Zeitarbeitsfirma – an andere Unternehmen verliehen werden, ist das nicht der Fall. ... Arbeitnehmerinnen und Arbeitnehmer mit Normalarbeitsverhältnis sind

---

[25] Vgl. z. B. § 14 II 3 TzBfG. Weitergehend hierzu Teil E. II.

voll in die sozialen Sicherungssysteme wie Arbeitslosenversicherung, Rentenversicherung und Krankenversicherung integriert.".[26]

Merkmale eines atypischen Arbeitsverhältnisses sind dementsprechend insbesondere:

► fehlendes existenzsicherndes Einkommen,
► fehlende soziale Sicherheitsgarantien,
► fehlende Beteiligungsmöglichkeiten, z. B. fehlende Mitbestimmungsmöglichkeiten und -rechte,
► Beschäftigungs- und Planungsunsicherheit.

2. Befristung

Das Befristungsrecht ist trotz seiner Besonderheiten gegenüber dem allgemeinen Arbeitsrecht für Studierende zunächst ein übersichtliches Rechtsgebiet. Fast alle Regelungen sind im TzBfG enthalten. Bei den wenigen Ausnahmen erfolgt i. d. R. ein Hinweis auf andere anzuwendende Vorschriften, so z. B. in § 17 S. 2 TzBfG. Sollten Sie in einer Klausur die zu bearbeitende Problematik nicht kennen, können Sie daher oftmals durch „schlichtes" Lesen des TzBfG Ansatzpunkte für die Lösung finden. Auch insoweit gilt also: Lesen Sie jede Vorschrift, Sie lernen dadurch automatisch den Umgang mit dem Gesetz.

Gemäß § 620 I BGB endet ein Dienstverhältnis mit dem Ablauf der Zeit, für die es eingegangen ist. Für Arbeitsverträge, die auf bestimmte Zeit geschlossen werden, gilt gemäß § 620 III BGB das

---

[26] Statistisches Bundesamt, www.destatis.de/DE/ZahlenFakten/GesamtwirtschaftUmwelt/Arbeitsmarkt/Methoden/Normalarbeitsverhaeltnis.html (abgerufen am 25.02.2019)

TzBfG. Befristet beschäftigt ist nach der Legaldefinition in § 3 I 1 TzBfG ein Arbeitnehmer mit einem auf bestimmte Zeit geschlossenen Arbeitsvertrag. § 3 I 2 TzBfG unterscheidet sodann in kalendermäßig befristeten und zweckbefristeten Arbeitsvertrag.

Sie müssen diese Unterscheidung kennen und verstehen, da sie in weiteren Vorschriften des TzBfG vorausgesetzt wird. So hängt die Anwendbarkeit des § 14 II TzBfG davon ab, dass es sich um eine kalendermäßige Befristung handelt. Relevant wird die Frage, ob es um eine kalendermäßige Befristung oder eine Zweckbefristung geht, insbesondere auch für die Problematik, wann und auf welche Weise ein befristeter Arbeitsvertrag endet. Die Regelungen hierzu finden Sie in § 15 I, II TzBfG.

§ 3 I 2 TzBfG

Kalendermäßige Befristung	Zweckbefristung
▶ § 15 I TzBfG	▶ § 15 II TzBfG
▶ AV endet mit Ablauf der vereinbarten Zeit	▶ AV endet mit Erreichen des Zwecks
▶ Keine Kündigung erforderlich	▶ Aber schriftliche Mitteilung (§ 126 BGB) durch AG
	▶ Zweiwöchige "Auslauffrist"

Zum Grundverständnis des Befristungsrechts sind zwei weitere Begriffe wichtig, die oben bereits erwähnt wurden - die Befristung ohne Sachgrund nach § 14 II TzBfG und die Befristung mit Sachgrund nach § 14 I TzBfG. Einzelheiten hierzu werden in den Teilen E. und F. dargestellt.

Wird ein Rechtsgeschäft unter einer auflösenden Bedingung vorgenommen, endigt es gemäß § 158 II BGB mit Eintritt der Bedingung. Für auflösend bedingte Arbeitsverträge gelten nach § 21 TzBfG die dort genannten Regelungen des TzBfG entsprechend. Im Einzelnen gilt:

▶ es bedarf eines Sachgrundes, § 14 I TzBfG,

▶ es gilt das Schriftformerfordernis gemäß § 14 IV TzBfG,

▶ das Arbeitsverhältnis endet mit Zweckerreichung, jedoch frühestens zwei Wochen nach der Mitteilung des Arbeitgebers über den Zeitpunkt der Zweckerreichung,

- das Arbeitsverhältnis ist nur bei Vereinbarung im Arbeitsvertrag oder in einem Tarifvertrag ordentlich kündbar, § 15 II, III V TzBfG,
- bei Unwirksamkeit liegt gemäß § 16 TzBfG ein unbefristetes Arbeitsverhältnis vor,
- eine Klageerhebung hat in der Frist des § 17 TzBfG zu erfolgen,
- es gelten die Regelungen der §§ 18 bis 20 TzBfG.

Beispiele für auflösende Bedingungen
- Beendigung des Arbeitsverhältnisses bei Eintritt einer Flugdienstuntauglichkeit bei Flugbegleitern[27]
- Ende des Arbeitsverhältnisses, wenn ein ruhendes Beamtenverhältnis wieder auflebt[28]
- Vereinbarungen in Arbeitsverträgen von Fußballtrainern und Lizenzfußballern[29]

Im Unterschied zur Zweckbefristung, bei der der Eintritt des Ereignisses gewiss ist (z. B. Rückkehr aus der Elternzeit), ist der Eintritt der Bedingung ungewiss (z. B. Abstieg aus der 2. Bundesliga).

Auch die Vereinbarung von sog. Doppelbefristungen ist grundsätzlich zulässig. So kann ein Arbeitsvertrag z. B. für ein Jahr befristet werden und gleichzeitig eine Probezeit vorsehen, mit deren Ablauf das Arbeitsverhältnis enden soll, ohne dass es einer Kündigung bedarf. An eine solche Doppelbefristung sind jedoch er-

---

[27] BAG vom 17.04.2019, 7 AZR 292/17.
[28] BAG vom 20.03.2019, 7 AZR 98/17.
[29] BAG vom 04.12.2002, 7 AZR 492/01.

höhte Anforderungen an die Transparenz der Regelungen zu stellen.[30] Unter den Begriff der „Doppelbefristung" fallen auch Zweckbefristungen, bei denen kein „Enddatum" genannt wird, sondern ein in der Zukunft eintretendes Ereignis, zusätzlich verbunden mit einer Höchstdauer.

Beispiel
„Das Arbeitsverhältnis ist befristet für die Dauer der Erkrankung der Mitarbeiterin ..., längstens jedoch bis zum ...."

III. Zweck des TzBfG

Der Zweck des TzBfG erschließt sich, wenn man sich nochmals die Einordnung eines befristeten Arbeitsverhältnisses als Unterfall atypischer Arbeitsverhältnisse vergegenwärtigt. Die europäischen Vorgaben zum TzBfG gehen davon aus, dass der unbefristete Arbeitsvertrag der Normalfall ist.

„Die Unterzeichnerparteien dieser Vereinbarung erkennen an, daß unbefristete Verträge die übliche Form des Beschäftigungsverhältnisses zwischen Arbeitgebern und Arbeitnehmern darstellen und weiter darstellen werden. Sie erkennen auch an, daß befristete Beschäftigungsverträge unter bestimmten Umständen den Bedürfnissen von Arbeitgebern und Arbeitnehmern entsprechen."[31]

Auch der deutsche Gesetzgeber sieht das unbefristete (typische) Arbeitsverhältnis als Normalfall an.[32] Es bedurfte daher besonderer Regelungen für eine Befristung. Anknüpfend an die „Richtlinie

---

[30] Vgl. BAG vom 16.04.2008, 7 AZR 132/07; Schaub/*Koch*, § 38 Rn. 34.
[31] Präambel zur Richtlinie 1999/70/EG des Rates vom 28. Juni 1999 zu der EGB-UNICE-CEEP-Rahmenvereinbarung über befristete Arbeitsverträge, ABl. 1999 L 175, S. 43, 45.
[32] So auch ErfK/*Müller-Glöge/Preis*, § 2 TzBfG Rn. 6.

1997/81/EG des Rates vom 15. Dezember 1997 zu der von UNICE, CEEP und EGB geschlossenen Rahmenvereinbarung über befristete Arbeitsverträge"[33] und die „Richtlinie 1999/70/EG des Rates vom 28. Juni 1999 zu der EGB-UNICE-CEEP-Rahmenvereinbarung über befristete Arbeitsverträge"[34] enthält § 1 TzBfG daher u. a.:

▶ die Regelung der Zulässigkeitsvoraussetzungen für befristete Arbeitsverträge und
▶ die Verhinderung der Diskriminierung von befristet beschäftigten Arbeitnehmern.

Nach der oben dargestellten Unterscheidung zwischen kalendermäßig befristeten und zweckbefristeten Arbeitsverträgen ergibt sich aus Sinn und Zweck des TzBfG somit folgende weitere Systematisierung des Befristungsrechts:

---

[33] ABl. 1997 L 14, 9.
[34] ABl. 1999 L 175, 43.

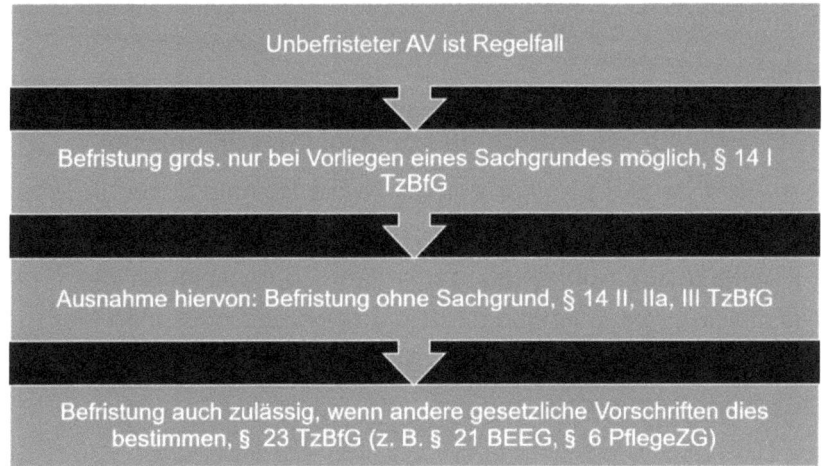

Unbefristeter AV ist Regelfall

Befristung grds. nur bei Vorliegen eines Sachgrundes möglich, § 14 I TzBfG

Ausnahme hiervon: Befristung ohne Sachgrund, § 14 II, IIa, III TzBfG

Befristung auch zulässig, wenn andere gesetzliche Vorschriften dies bestimmen, § 23 TzBfG (z. B. § 21 BEEG, § 6 PflegeZG)

IV. Anwendungsbereich

Das TzBfG gilt nur für Arbeitsverträge.[35] Da das TzBfG keine mit § 23 I KSchG vergleichbare Regelung enthält, ist es auch auf sog. Kleinbetriebe anwendbar. In der Praxis werden in Kleinbetrieben allerdings selten befristete Arbeitsverträge geschlossen, da in diesen ohnehin grundsätzlich kein Kündigungsschutz besteht. Die o. g. Gründe für Befristungen spielen hier keine Rolle.

Befristung einzelner Arbeitsbedingungen?
Grundsätzlich ist es i. R. d. Vertragsfreiheit möglich, nicht nur den Bestand des gesamten Arbeitsverhältnisses zu befristen, sondern auch einzelne Vertragsbedingungen. So können z. B. die im Arbeitsvertrag geregelte Dauer der Arbeitszeit befristet heraufgesetzt oder die Art der Tätigkeit für einen bestimmten Zeitraum geändert werden. Eine solche Befristung einzelner Arbeitsbedingungen wird durch das

---

[35] Sonderreglungen finden sich z. B. im Gesetz über befristete Arbeitsverträge in der Wissenschaft (WissZeitVG) und in § 6 PflegeZG.

TzBfG nicht erfasst. Dies ergibt sich bereits aus dem Wortlaut des § 3 I 1 TzBfG. Vielmehr wird die Wirksamkeit derartiger Vereinbarungen anhand einer AGB-Kontrolle geprüft.[36]

V. Gründe für die Befristung von Arbeitsverhältnissen

Aus Sicht der Arbeitgeber ermöglicht die Befristung von Arbeitsverträgen einen flexiblen Personaleinsatz bei saisonalen oder konjunkturellen Auftragsschwankungen. Sie minimiert die Prozessrisiken von Kündigungsschutzklagen und erleichtert Vertretungsregelungen, z. B. für erkrankte oder sich im Mutterschutz befindliche Arbeitnehmer.

Für Arbeitnehmer ist eine befristete Beschäftigung oft verbunden mit der Hoffnung auf eine spätere Festanstellung. Die Befristung bietet die Möglichkeit, erste Berufserfahrungen zu sammeln und das Unternehmen oder die Branche kennenzulernen.

VI. Wirtschaftliche Bedeutung der Befristung

In Deutschland hatte 2017 rund jeder zwölfte Beschäftigte über 25 Jahre einen befristeten Arbeitsvertrag. Ca. 55% der Befristungen hatten eine Dauer von unter einem Jahr, 21% waren bis zu zwei Jahren befristet und 12% bis zu drei Jahren. Lediglich 10% waren auf mehr als drei Jahre befristet. Im EU-Vergleich liegt Deutschland mit ca. 8% befristeter Beschäftigungsverhältnisse im

---

[36] Zur Befristung einer Arbeitszeiterhöhung vgl. BAG vom 25.04.2018, 7 AZR 520/16. Ausführlich zur Problematik der Befristung von einzelnen Arbeitsbedingungen Schaub/*Koch*, § 38 VIII.; ErfK/*Müller-Glöge/Preis*, § 3 Rn. 17; *Biedermann*, NZA-RR 2019, 345 ff.

Mittelfeld. Spitzenreiter ist Spanien mit 24%, Schlusslicht Rumä-
nien und Litauen mit je 1%.[37]

---

[37] Angaben entnommen aus Arbeitsmarkt auf einen Blick, Statistisches Bundesamt 2018, S. 55 ff.

C. Begründung befristeter Arbeitsverhältnisse

Wie jeder gegenseitige Vertrag kommt auch ein befristetes Arbeitsverhältnis durch zwei übereinstimmende Willenserklärungen (Angebot und Annahme) zustande. Der "normale", unbefristete Arbeitsvertrag kann mündlich wirksam abgeschlossen werden. Soll der Arbeitsvertrag jedoch befristet sein, ist das Schriftformerfordernis des § 14 IV TzBfG zu beachten.

I. Schriftform, § 14 IV TzBfG

Gemäß § 14 IV TzBfG bedarf die Befristung eines Arbeitsvertrages zu ihrer Wirksamkeit der Schriftform (§§ 126).[38]

Beachte
Die Schriftform gilt nur für die Befristung, nicht für den Arbeitsvertrag selbst. Dieser kann also mündlich wirksam vereinbart werden. Soll das Arbeitsverhältnis jedoch befristet sein, muss die Befristungsabrede in Schriftform erfolgen.

Beispiel
"Das Arbeitsverhältnis ist bis zum 31. Dezember .... befristet."

Das Schriftformerfordernis gilt auch für die Änderung oder Verlängerung der Befristung.

Die Angabe eines Befristungsgrundes ist i. d. R nicht erforderlich.[39] Bei einer kalendermäßigen Befristung (§ 3 I 2 Alt. 1 TzBfG)

---

[38] Sie kann (anders als z. B. eine Kündigung, § 623 HS 2 BGB) unter den Voraussetzungen des § 126a BGB auch in elektronischer Form vereinbart werden.
[39] Sonderregelungen enthält z. B. § 2 IV WissZeitVG.

ist lediglich der Zeitpunkt der Beendigung anzugeben. Bei einer Zweckbefristung (§ 3 I 2 Alt. 2 TzBfG) bedarf es jedoch der Angabe des vertragsbeendenden Ereignisses. Da nach § 15 II TzBfG ein zweckbefristeter Arbeitsvertrag mit Erreichen des Zwecks endet, wäre ohne Angabe des Zwecks nicht feststellbar, wann die Befristung enden soll.

Beispiel
"Die Arbeitnehmerin wird für die Dauer der Erkrankung des Arbeitnehmers X eingestellt. Das Arbeitsverhältnis endet mit der Erreichung des Zwecks, d. h. mit der Wiederaufnahme der Tätigkeit durch X, frühestens jedoch zwei Wochen nach Zugang der schriftlichen Unterrichtung der Arbeitnehmerin durch den Arbeitgeber über den Zeitpunkt der Zweckerreichung."

Welche sachlichen Gründe für die Befristung eines Arbeitsverhältnisses grundsätzlich in Betracht kommen, klärt § 14 I 2 TzBfG.

Beachte
Aus der Formulierung *„insbesondere"* in § 14 I 2 TzBfG können Sie entnehmen, dass die dortige Aufzählung nicht abschließend ist.

II. Rechtsfolgen der Nichteinhaltung der Schriftform

Wird die Schriftform des § 14 IV TzBfG nicht eingehalten, ist die Befristung gemäß § 125 S. 1 BGB nichtig. Nach § 16 S. 1 TzBfG gilt der befristete Arbeitsvertrag als auf unbestimmte Zeit geschlossen. Es besteht somit ein unbefristeter Arbeitsvertrag.[40]

---

[40] Die Rechtsunwirksamkeit einer Befristung kann sich nicht nur aus der Nichteinhaltung der Schriftform ergeben. So z. B. aus dem Fehlen eines sachlichen Grundes i. S. d. § 14 I TzBfG oder der Überschreitung der in § 14 II TzBfG enthaltenen Höchstdauer. Zur Befristung ohne Sachgrund vgl. unten Teil E., zur Befristung mit Sachgrund vgl. Teil F.

Beispiel
Anfang März teilt der Arbeitgeber der Bewerberin F in einem Vorstellungsgespräch mit, das beabsichtigte Arbeitsverhältnis sei für ein Jahr befristet. F nimmt die vereinbarte Tätigkeit am 01. April auf. Am 10. April unterzeichnen die Parteien einen schriftlichen Arbeitsvertrag, der in § 1 lautet: *„F wird ab dem 01. April ... für die Dauer eines Jahres, d. h. Zeit bis zum 31. März ... beschäftigt."*

Hier wurde zwar mit der Unterzeichnung des Vertrages am 10. April 2019 grundsätzlich die Schriftform des § 14 IV TzBfG eingehalten. Jedoch entsprach die vorherige mündliche Befristung nicht dem Schriftformerfordernis. Sie ist daher gemäß § 125 S. 1 BGB nichtig. Mit dem Arbeitsantritt der F am 01. April entstand gemäß § 16 S. 1 TzBfG ein unbefristetes Arbeitsverhältnis. Die Formunwirksamkeit der mündlichen Befristung wurde hier auch nicht durch die später schriftlich niedergelegte Befristung "geheilt". Zwar kann ein unbefristetes Arbeitsverhältnis nachträglich befristet werden. Notwendig ist aber ein hierauf gerichteter Willen der Parteien.

"Voraussetzung ... ist aber, dass die Parteien übereinstimmende, auf diese Rechtsfolge gerichtete Willenserklärungen abgeben. Daran fehlt es, wenn die Parteien lediglich eine mündlich vereinbarte Befristung zu einem späteren Zeitpunkt nach Aufnahme der Arbeit durch den Arbeitnehmer in einem schriftlichen Arbeitsvertrag niederlegen. Damit treffen sie in der Regel keine neue Befristungsabrede, sondern halten nur schriftlich fest, was sie zuvor mündlich vereinbart haben."[41]

---

[41] BAG vom 01.12.2004, 7 AZR 198/04. Das BAG verneint in dieser Entscheidung auch eine Bestätigung der nichtigen mündlichen Vereinbarung gemäß § 141 I BGB.

Beachte
Die Befristung des Arbeitsverhältnisses muss also grundsätzlich bereits vor Aufnahme der Tätigkeit durch den Arbeitnehmer schriftlich vereinbart werden. Ansonsten greift die o. g. Rechtsfolge ein.

Von diesem Grundsatz macht die Rechtsprechung im Wesentlichen zwei Ausnahmen:

▶ Die Parteien treffen nach Arbeitsaufnahme eine neue, von der vorangehenden mündlichen (unwirksamen) Befristung unabhängige Befristungsabrede. Dies kann der Fall sein, wenn sie eine mündliche Befristungsabrede getroffen haben, die von der im später unterzeichneten schriftlichen Arbeitsvertrag enthaltenen Befristung inhaltlich abweicht.

„Unterzeichnen die Arbeitsvertragsparteien nach Vertragsbeginn einen schriftlichen Arbeitsvertrag mit einer Befristung, die inhaltlich von einer vor Vertragsbeginn mündlich vereinbarten Befristung abweicht, enthält der schriftliche Arbeitsvertrag eine eigenständige Befristungsabrede, die dem Schriftformgebot des § 14 Abs. 4 TzBfG genügt."[42]

▶ Der Arbeitgeber hat zuvor hinreichend deutlich gemacht, dass der Abschluss des befristeten Arbeitsvertrags unter dem Vorbehalt eines schriftlichen Vertragsabschlusses steht.

---

[42] BAG vom 13.06.2007, 7 AZR 700/06. In diesem Fall wich die Dauer der zuvor mündlich vereinbarten Befristung von der später schriftlich festgelegten Befristung ab.

„Hat der Arbeitgeber in den Vertragsverhandlungen der Parteien den Abschluss des befristeten Arbeitsvertrags ausdrücklich unter den Vorbehalt eines schriftlichen Vertragsschlusses gestellt oder dem Arbeitnehmer die schriftliche Niederlegung des Vereinbarten angekündigt, so ist diese Erklärung ohne Hinzutreten von außergewöhnlichen Umständen nach dem maßgeblichen Empfängerhorizont (§§ 133, 157 BGB) dahingehend zu verstehen, dass der Arbeitgeber dem sich aus § 14 Abs. 4 TzBfG ergebenden Schriftformgebot entsprechen will und seine auf den Vertragsschluss gerichtete Erklärung nur durch eine die Form des § 126 Abs. 2 BGB genügende Unterzeichnung der Vertragsurkunde(n) angenommen werden kann. Dies gilt gleichermaßen, wenn der Arbeitgeber dem Arbeitnehmer - ohne vorangegangene Absprache - ein von ihm bereits unterschriebenes Vertragsformular mit der Bitte um Unterzeichnung übersendet. Auch in diesen Fällen macht der Arbeitgeber hinreichend deutlich, dass der Vertrag nur bei Wahrung des Schriftformerfordernisses des § 14 Abs. 4 TzBfG zustande kommen soll. Der Arbeitnehmer kann in diesen und anderen Fällen, in denen der Abschluss des befristeten Arbeitsvertrags nach den Vertragsumständen von der Einhaltung des Schriftformerfordernisses abhängen soll, ein ihm vorliegendes schriftliches Vertragsangebot des Arbeitgebers nicht durch die Arbeitsaufnahme konkludent, sondern nur durch die Unterzeichnung der Vertragsurkunde annehmen. Nimmt der Arbeitnehmer vor diesem Zeitpunkt die Arbeit auf, besteht zwischen den Parteien nur ein faktisches Arbeitsverhältnis, weil es an der Abgabe der zum Vertragsschluss erforderlichen übereinstimmenden Willenserklärungen fehlt."[43]

Die Rechtsfolge des § 16 S. 1 TzBfG gilt nicht nur für eine Formunwirksamkeit, sondern für alle Fälle der Unwirksamkeit einer Befristung. Es kommt stets ein Arbeitsvertrag auf unbestimmte Zeit zustande. Lediglich für die Frage, zu welchem Zeitpunkt dieser unbefristete Arbeitsvertrag vom Arbeitgeber gekündigt werden kann, unterscheidet § 16 TzBfG zwischen Formunwirksamkeit und sonstiger Unwirksamkeit.

---

[43] BAG v. 16.04.2008 – 7 AZR 1048/06; vgl. auch BAG v. 15.2.2017 - 7 AZR 223/15.

D. Beendigung befristeter Arbeitsverhältnisse

I. Beendigung aufgrund Befristung

Gemäß § 15 I TzBfG endet ein kalendermäßig befristeter Arbeitsvertrag mit Ablauf der vereinbarten Zeit. Einer besonderen Kündigung bedarf es nicht.

Beispiel
Ein Arbeitsverhältnis ist wirksam (kalendermäßig) bis zum 31. Dezember des Jahres befristet. Das Arbeitsverhältnis endet an diesem Tag, 24:00 Uhr, ohne dass einer der Parteien eine vertragsbeendende Willenserklärung abgeben muss.

Hinsichtlich der Beendigung des Arbeitsverhältnisses durch Fristablauf greift grundsätzlich auch kein besonderer Kündigungsschutz ein, da es bereits an einer Kündigung mangelt. Bei schwerbehinderten Menschen ist jedoch § 175 SGB IX zu beachten. Es bedarf der Zustimmung des Integrationsamtes, wenn die Beendigung im Falle des Eintritts einer teilweisen Erwerbsminderung, der Erwerbsminderung auf Zeit, der Berufsunfähigkeit oder der Erwerbsunfähigkeit auf Zeit ohne Kündigung erfolgt.

Ein zweckbefristeter Arbeitsvertrag endet gemäß § 15 II TzBfG mit der Erreichung des Zwecks, frühestens jedoch zwei Wochen nach Zugang der schriftlichen Unterrichtung des Arbeitnehmers durch den Arbeitgeber über den Zeitpunkt der Zweckerreichung.

Auflösend bedingte Arbeitsverträge (§ 21 TzBfG) enden mit Eintritt der Bedingung.

II. Beendigung durch Kündigung

Gemäß § 15 III TzBfG können befristete Arbeitsverhältnis nur dann ordentlich gekündigt werden, wenn dies im Vertrag oder in einem anwendbaren Tarifvertrag vereinbart ist. Eine außerordentliche Kündigung aus wichtigem Grund nach § 626 BGB kann auch ohne entsprechende Vereinbarung erfolgen.[44]

Anders stellt sich die Rechtslage dar, wenn die Befristung rechtsunwirksam ist und gemäß § 16 S. 1 TzBfG ein unbefristeter Arbeitsvertrag als geschlossen gilt. Hier unterscheidet § 16 S. 1 TzBfG für die Frage, zu welchem Zeitpunkt der unbefristete Arbeitsvertrag vom Arbeitgeber gekündigt werden kann, zwischen Formunwirksamkeit und sonstiger Unwirksamkeit. Grundsätzlich kann der Arbeitgeber bei Rechtsunwirksamkeit der Befristung frühestens zum vereinbarten Ende der Befristung kündigen, § 16 S. 1 HS 1 TzBfG. Ausnahme: im Arbeitsvertrag oder in einem anwendbaren Tarifvertrag wurde das Recht zur ordentlichen Kündigung während der Laufzeit der Befristung nach § 15 III

---

[44] Das Recht zur außerordentlichen Kündigung ist nicht abdingbar.

TzBfG vereinbart. Dann kann die Kündigung auch zu einem früheren Zeitpunkt erfolgen. Mangelt es dagegen lediglich an der Schriftform, ist eine Kündigung des Arbeitsvertrages auch vor dem vereinbarten Ende möglich.

Beachte
Ist eine Kündigung des auf unbestimmte Zeit geschlossenen Arbeitsvertrages unter den o. g. Voraussetzungen grundsätzlich möglich, bedeutet dies noch nicht automatisch, dass eine solche Kündigung auch wirksam ist. Ist das Kündigungsschutzgesetz auf das Arbeitsverhältnis anwendbar, muss ein verhaltens-, personen- oder betriebsbedingter Kündigungsgrund vorliegen.[45]

---

[45] Zu den weiteren Einzelheiten der Beendigung befristeter Arbeitsverhältnisse vgl. die Ausführungen bei den jeweiligen Befristungsgründen.

E. Sachgrundlose Befristung

I. Grundlagen

Wie oben dargestellt,[46] geht der Gesetzgeber vom Normalfall eines unbefristeten Arbeitsverhältnisses aus. Für die Befristung eines Arbeitsverhältnisses bedarf es daher grundsätzlich einer sachlichen Rechtfertigung i. S. d. § 14 I TzBfG. Ausnahmen zu diesem Grundsatz enthalten § 14 II, IIa und III TzBfG.

Gemäß § 14 II 1 TzBfG ist die kalendermäßige Befristung eines Arbeitsvertrages bis zur Dauer von zwei Jahren auch ohne Vorliegen eines sachlichen Grundes zulässig. Hierdurch sollen insbesondere Neueinstellungen erleichtert werden. Dies zeigt auch § 14 IIa TzBfG, der für neu gegründete Unternehmen in den ersten vier Jahren nach der Gründung eine sachgrundlose Befristung bis zu vier Jahren erlaubt. § 14 III TzBfG ermöglicht es, ältere Arbeitnehmer, die mindestens vier Monate beschäftigungslos waren, ohne Sachgrund befristet bis zur Dauer von fünf Jahren zu beschäftigen. Innerhalb dieser Zeiträume ist die dreimalige (§ 14 II 1 HS 2 TzBfG) bzw. mehrfache (§ 14 IIa 1 HS 2, III 2 TzBfG) Verlängerung zulässig. Voraussetzung für jede dieser Ausnahmen ist eine kalendermäßige Befristung i. S. d. § 3 I 2 Alt. 1 TzBfG.

---

[46] Vgl. die Ausführungen in Teil B. III.

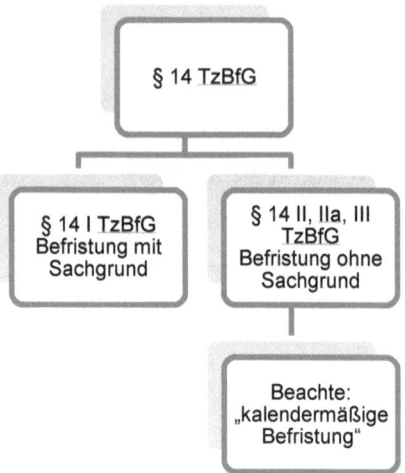

§ 14 TzBfG

§ 14 I TzBfG
Befristung mit
Sachgrund

§ 14 II, IIa, III
TzBfG
Befristung ohne
Sachgrund

Beachte:
„kalendermäßige
Befristung"

Gemäß § 14 II 2, IIa 4 TzBfG ist eine Befristung nach dem jeweiligem Satz 1 nicht zulässig, wenn mit demselben Arbeitgeber bereits zuvor ein befristetes oder unbefristetes Arbeitsverhältnis bestanden hat.[47]

II. § 14 II 1 TzBfG

1. Höchstdauer

Gemäß § 14 II 1 TzBfG ist eine kalendermäßige Befristung bis zu zwei Jahren zulässig. Auch kürzere Laufzeiten können vereinbart werden. Bis zur Dauer von zwei Jahren ist eine höchstens dreimalige Verlängerung zulässig.

---

[47] Die Einzelheiten hierzu werden in Teil E. III. dargestellt.

Nach § 14 II 3 TzBfG kann *"durch Tarifvertrag die Anzahl der Verlängerungen oder die Höchstdauer der Befristung abweichend von Satz 1 festgelegt werden."*

Beispiel
„Die kalendermäßige Befristung eines Arbeitsvertrages ohne Vorliegen eines sachlichen Grundes ist bis zur Dauer von 30 Monaten zulässig. Bis zu dieser Gesamtdauer ist die höchstens zweimalige Verlängerung eines kalendermäßig befristeten Arbeitsvertrages zulässig. Die erste kalendermäßige Befristung muss mindestens 12 Monate betragen."[48]

Aus der Formulierung in § 14 I 3 TzBfG *"die Anzahl der Verlängerungen oder die Höchstdauer"*[49] könnte man entnehmen, dass durch Tarifvertrag nur bei einer der beiden genannten Merkmale vom Gesetz abgewichen werden darf. Im oben genannten Fall wäre dies unproblematisch, da der Tarifvertrag zugunsten der Arbeitnehmer vom Gesetz abweicht. Eine solche Abweichung ist stets zulässig. Fraglich ist allerdings, ob auch eine Abweichung bzgl. beider Merkmale zuungunsten des Arbeitnehmers zulässig ist.

Beispiel
„Die kalendermäßige Befristung eines Arbeitsvertrages ohne Vorliegen eines sachlichen Grundes ist bis zur Dauer von 42 Monaten zulässig. Bis zu dieser Gesamtdauer ist die höchstens viermalige Verlängerung eines kalendermäßig befristeten Arbeitsvertrages zulässig."[50]

---

[48] § 2 Nr. 4 des Manteltarifvertrages für Sicherheitsdienstleistungen vom 30.08.2011.
[49] Begriff *„oder"* nur hier unterstrichen.
[50] § 2 Nr. 6 des Manteltarifvertrages für das Wach- und Sicherheitsgewerbe vom 30.08.2005.

Das BAG hat eine solche Regelung trotz der Formulierung in § 14 II 3 TzBfG für wirksam erachtet. Nach § 22 I 1 TzBfG könne auch zuungunsten des Arbeitnehmers von der in § 14 II 1 TzBfG bestimmten Frist abgewichen werden. Die oben genannte Regelung modifiziere zwar die Anzahl der Verlängerungen und die Höchstdauer einer ohne Sachgrund vereinbarten Befristung. Der Wortlaut des § 14 II 3 TzBfG lege auf den ersten Blick auch die Annahme nahe, die Vorschrift erlaube eine Abweichung von § 14 II 1 TzBfG nur entweder hinsichtlich der Anzahl der Verlängerungen oder hinsichtlich der Höchstdauer der Befristung. Für ein Verständnis, wonach durch Tarifverträge kumulativ sowohl hinsichtlich der Höchstdauer als auch hinsichtlich der Anzahl der Verlängerungen von § 14 II 1 TzBfG abgewichen werden könne, spreche jedoch deutlich die Entstehungsgeschichte der Vorschrift. In der Gesetzesbegründung sei deren Regelungsgehalt wie folgt beschrieben:

> *„Satz 3 bestimmt, dass tarifvertraglich eine andere (höhere oder niedrigere) Anzahl von zulässigen Verlängerungen sowie eine andere (kürzere oder längere) Höchstbefristungsdauer eines befristeten Arbeitsvertrages ohne sachlichen Grund festgelegt werden kann."*[51]

Zudem geböten Sinn und Zweck des § 14 II 3 TzBfG eine solche Auslegung.[52]

---

[51] Unter Hinweis auf BT-Drucks. 14/4374 S. 20.
[52] Vgl. hierzu BAG vom 15.08.2012, 7 AZR 184/11. Die Entscheidung ist auch deshalb lesenswert, weil sie ein gutes Beispiel für die Auslegung von Normen bietet.

Also!
In Tarifverträgen kann gemäß §§ 22 I, 14 II 3 TzBfG sowohl bezüglich der Anzahl der Verlängerungen als auch (nicht nur „oder", sondern auch „und/oder" bzw. „sowohl als auch") von der Höchstdauer zuungunsten der Arbeitnehmerin abgewichen werden.

Diese Möglichkeit gilt aber nicht unbeschränkt. Die Grenze der tarifvertraglichen Regelungsbefugnis liegt bei einer maximalen Befristungsdauer von sechs Jahren und einer höchstens neunmaligen Verlängerung bis zu dieser Gesamtdauer.[53]

2. „Vereinbarung" einer sachgrundlosen Befristung

Die Befristung eines Arbeitsverhältnisses nach § 14 II 1 TzBfG bedarf gemäß § 14 IV TzBfG zunächst der Schriftform. Hierzu kann auf die Ausführungen in Teil C. verwiesen werden.

Weder beim erstmaligen Abschluss des befristeten Vertrages noch bei einer Verlängerung ist eine gesonderte Vereinbarung über die sachgrundlose Befristung erforderlich. Ausreichend ist, wenn die Voraussetzungen des § 14 II 1 TzBfG zum Zeitpunkt des Vertragsabschlusses vorlagen.[54]

Beachte
Selbst wenn im Arbeitsvertrag ein Sachgrund genannt ist, kann sich die Arbeitgeberin zur Begründung der Wirksamkeit der Befristung auf § 14 II 1 TzBfG stützen. Auch hier ist lediglich notwendig, dass die Voraussetzungen bei Vertragsschluss vorlagen.

„§ 14 Abs. 2 TzBfG setzt aber keine Vereinbarung der Parteien voraus, die Befristung auf diese Rechtsgrundlage stützen zu wollen. Ausreichend ist, dass die Voraussetzungen des § 14 Abs. 2 TzBfG bei Vertragsschluss objektiv vorlagen. ... Das gesetzliche Schriftformerfordernis des § 14 Abs. 4 TzBfG gilt für die Befristungsabrede als solche, nicht für die Angabe des die Befristung rechtfertigenden

---

[53] So BAG vom 17.04.2019, 7 AZR 410/17.
[54] Siehe BAG vom 29.06.2011, 7 AZR 774/09.

Grundes. Dies folgt bereits aus dem Wortlaut der Vorschrift. Danach unterliegt die Befristung des Arbeitsverhältnisses zu ihrer Wirksamkeit der Schriftform. Die von § 14 Abs. 4 TzBfG bezweckte Klarstellungs-, Beweis- und Warnfunktion bezieht sich allein auf die vereinbarte Befristung, nicht aber auf deren Rechtfertigung und den übrigen Inhalt des Arbeitsvertrags. Dies gilt nicht nur für die Rechtfertigung der Befristung durch einen sachlichen Grund, sondern auch für die Befristung ohne Sachgrund nach § 14 Abs. 2 TzBfG ...[55]

3. Ausschluss einer sachgrundlosen Befristung

Bedarf es keiner ausdrücklichen Vereinbarung einer sachgrundlosen Befristung, so können die Parteien eine Befristung nach § 14 II 1 TzBfG aber ausdrücklich ausschließen und die Zulässigkeit der Befristung nur auf einen Sachgrund nach § 14 I 2 TzBfG stützen. Hierfür reicht die bloße Angabe eines Sachgrundes jedoch grundsätzlich nicht aus.

Beispiel

In einem Arbeitsvertragsformular kann angekreuzt werden, ob die Befristung aus sachlichem Grund gemäß § 14 I 2 TzBfG oder nach § 14 II TzBfG erfolgt. Eines der „Kästchen" ist angekreuzt mit dem Zusatz, die Befristung erfolge zur Vertretung einer erkrankten Mitarbeiterin. Die Arbeitnehmerin ist der Auffassung, die Arbeitgeberin können sich zur Begründung der Wirksamkeit der Befristung nicht auf § 14 II TzBfG stützen.

Nach ständiger Rechtsprechung ist bei einem solchen Sachverhalt die Berufung auf eine sachgrundlose Befristung nicht zwingend ausgeschlossen. Es komme nicht darauf an, ob die sachgrundlose Befristung ausdrücklich vereinbart sei, sondern darauf,

---

[55] BAG vom 29.06.2011, 7 AZR 774/09.

ob sie arbeitsvertraglich ausgeschlossen sei. Ob in einem Arbeitsvertragsformular ein Kreuzchen enthalten sei, spiele grundsätzlich keine Rolle.[56]

Die Arbeitsvertragsparteien können die Möglichkeit zur sachgrundlo-
sen Befristung vertraglich ausschließen. Das kann ausdrücklich oder
konkludent geschehen. Ein konkludenter Ausschluss der Anwend-
barkeit von § 14 Abs. 2 TzBfG liegt etwa dann vor, wenn der Arbeit-
nehmer die Erklärungen des Arbeitgebers so verstehen darf, dass die
Befristung ausschließlich auf einen bestimmten Sachgrund gestützt
werden und nur von seinem Bestehen abhängen soll. Dabei sind die
Umstände des Einzelfalls entscheidend. Die Benennung eines Sach-
grundes kann ein wesentliches Indiz sein. Allein reicht sie allerdings
regelmäßig nicht aus, um anzunehmen, die sachgrundlose Befristung
nach § 14 Abs. 2 TzBfG solle damit ausgeschlossen sein. Vielmehr
müssen im Einzelfall noch zusätzliche Umstände hinzutreten...[57]

4. Verlängerung

a. Anzahl

Gemäß § 14 II 1 HS 2 TzBfG ist bis zu einer Gesamtdauer von
zwei Jahren die höchstens dreimalige Verlängerung eines kalendermäßig befristeten Arbeitsvertrages zulässig. Auch die Verlängerungen müssen jeweils wieder kalendermäßig befristet sein.

Beispiele
► Einmalige Befristung von zwei Jahren oder
► 1. Befristung: 12 Monate, 1. Verlängerung: 6 Monate, 2. Verlängerung: 6 Monate oder
► 1. Befristung: 9 Monate, 1. Verlängerung: 6 Monate, 2. Verlängerung: 6 Monate, 3. Verlängerung: 3 Monate
► Insgesamt also maximal vier Befristungen mit einer Gesamt-
  höchstdauer von zwei Jahren

---

[56] So LAG Thüringen vom 12.10.2010, 7 Sa 425/09.
[57] BAG vom 29.06.2011, 7 AZR 774/09.

Nach § 14 II 3 TzBfG kann *"durch Tarifvertrag die Anzahl der Verlängerungen oder die Höchstdauer der Befristung abweichend von Satz 1 festgelegt werden."*[58]

b. Zeitpunkt

Entscheidend für eine wirksame Verlängerung der sachgrundlosen Befristung ist u. a. der Zeitpunkt, zu dem die Vereinbarung erfolgt. Voraussetzung ist ein nahtloser Anschluss zwischen der Erstbefristung und der Verlängerung bzw. zwischen den Verlängerungen, da ansonsten das sog. Anschlussverbot des § 14 II 2 TzBfG eingreift. Eine Befristung gemäß § 14 II 1 TzBfG ist nach § 14 II 2 TzBfG nicht zulässig, wenn mit demselben Arbeitgeber bereits zuvor ein befristetes oder unbefristetes Arbeitsverhältnis bestanden hat.[59]

Beispiel
Das Arbeitsverhältnis wird gemäß § 14 II 1 TzBfG sachgrundlos vom 01.01. bis 31.03. befristet. Sodann erfolgt im selben Jahr eine weitere sachgrundlose Befristung vom 01.05. bis 30.06. Zum Zeitpunkt des Abschlusses des zweiten Vertrages bestand bereits zuvor ein befristetes Arbeitsverhältnis mit dem Arbeitgeber. Die zweite Befristung ist unwirksam. Es besteht nach § 16 S. 1 TzBfG ein unbefristetes Arbeitsverhältnis. Diese Rechtsfolge lässt sich nur vermeiden, wenn die Verlängerung im Zeitpunkt des noch nicht beendeten befristeten Arbeitsvertrages erfolgt.[60]

---

[58] Zu dieser Möglichkeit vgl. oben Teil E. II. 2.
[59] Zu den Einzelheiten des Anschlussverbots gemäß § 14 II 2 TzBfG siehe unten Teil E. III.
[60] Siehe ErfK/*Müller-Glöge*, § 14 TzBfG Rn. 96.

c. Gegenstand der Verlängerung

Eine Befristung nach § 14 II 1 TzBfG ist nicht zulässig, wenn mit demselben Arbeitgeber bereits zuvor ein befristetes oder unbefristetes Arbeitsverhältnis bestanden hat, § 14 II 2 TzBfG. Soll das befristete Arbeitsverhältnis verlängert werden, ist nicht nur darauf zu achten, dass die Verlängerung vor dem Ende des befristeten Arbeitsvertrages vereinbart wird. Nur bei ansonsten unveränderten Arbeitsbedingungen - mit Ausnahme der Dauer - greift die Rechtsfolge des § 14 II 2 TzBfG nicht ein.

Beispiel
Das Arbeitsverhältnis wird gemäß § 14 II 1 TzBfG sachgrundlos vom 01.01. bis 31.03. befristet. Die Vergütung des Arbeitnehmers erfolgt zum Mindestlohn. Bereits am 29.03. einigen sich die Parteien auf eine Verlängerung der sachgrundlosen Befristung vom 01.04. bis 30.06. Mit der Verlängerung wird zugleich vereinbart, dass der Arbeitnehmer ab dem 01.04. pro Stunde 14,00 EUR bekommt.

Obwohl sich die Arbeitsbedingungen zugunsten der Arbeitnehmerin ändern, ist die zweite Befristung unwirksam.

Eine Verlängerung iSd. § 14 Abs. 2 Satz 1 2. Halbs. TzBfG setzt nach der Rechtsprechung des Senats voraus, dass sie noch während der Laufzeit des zu verlängernden Vertrags schriftlich vereinbart und nur die Vertragsdauer geändert wird, nicht aber die übrigen Arbeitsbedingungen.... Andernfalls liegt der Neuabschluss eines befristeten Arbeitsvertrags vor, der nach § 14 Abs. 2 Satz 2 TzBfG ohne Sachgrund unzulässig ist, da zwischen den Parteien bereits ein Arbeitsverhältnis bestanden hat.[61]

---

[61] BAG vom 23.08.2006, 7 AZR 12/06.

Eine Auslegung des Gesetzes unter Berücksichtigung seiner grammatikalischen Fassung, der Systematik der Befristungsregeln für die Zulässigkeit der sachgrundlosen Befristung und Sinn und Zweck der Normen trage dieses Ergebnis. Dies folge bereits aus dem Wortlaut des § 14 II 1 HS 2 TzBfG. Von dem Begriff der Verlängerung werde nur das Hinausschieben des vereinbarten Vertragsablaufs erfasst. Einer wirksamen Verlängerung i. S. d § 14 II 1 TzBfG stehe jedoch nicht entgegen, wenn die Parteien in der Verlängerungsvereinbarung die Vertragsbedingungen des befristeten Arbeitsvertrags an die zum Zeitpunkt der Verlängerung geltende Rechtslage anpassen. Dies ist etwa der Fall bei einer Anpassung der Vergütung an einen geänderten Mindestlohn.[62]

Beachte
Nach der Rechtsprechung des BAG ist die einvernehmliche Änderung der Arbeitsbedingungen während der Laufzeit eines sachgrundlos befristeten Arbeitsvertrags zulässig. Eine solche Vereinbarung unterliege nicht der Befristungskontrolle.[63]

§ 14 II 1 HS 2 TzBfG erlaubt eine „Verlängerung" des befristeten Arbeitsverhältnisses. Hieraus leitet das BAG ab, eine während der Befristung vereinbarte Verkürzung der Laufzeit werde nicht von § 14 II 1 TzBfG erfasst. Erforderlich sei daher das Vorliegen eines Sachgrundes.

---

[62] In diese Konstellation fallen auch das berechtigte Verlangen des Arbeitnehmers auf Verlängerung seiner Arbeitszeit nach § 9 TzBfG oder die Anpassung an eine allen Arbeitnehmern gewährte Lohnerhöhung. Vgl. i. Ü. die weiteren Erwägungen bei BAG vom 23.08.2006, 7 AZR 12/06.
[63] So unter Hinweis auf die ständige Rechtsprechung BAG vom 16.01.2008, 7 AZR 03/06. Siehe auch BAG vom 26.10.2016, 7 AZR 535/14.

Beispiel
Die Parteien vereinbaren eine Befristung nach § 14 II 1 TzBfG vom 01.01. bis zum 31.12. des Jahres. Im Juni wird per Änderungsvertrag die Laufzeit auf den 30.09. des Jahres verkürzt.

In der Verkürzung der Laufzeit liegt der Neuabschluss eines befristeten Arbeitsvertrages. Dieser unterliegt dem Anschlussverbot gemäß § 14 II 2 TzBfG.

„§ 14 Abs. 2 TzBfG erlaubt nur bei einer Neueinstellung die Befristung des Arbeitsvertrags ohne Sachgrund bis zur Dauer von zwei Jahren und bis zu dieser Gesamtdauer die höchstens dreimalige Verlängerung eines sachgrundlos befristeten Arbeitsvertrags. Die Verkürzung der Laufzeit eines solchen Vertrags lässt § 14 Abs. 2 TzBfG ohne Sachgrund nicht zu. ... Dafür spricht bereits der Wortlaut der Vorschrift, die den Abschluss eines befristeten Arbeitsvertrags ohne sachlichen Grund und dessen Verlängerung erwähnt, nicht hingegen dessen Verkürzung."[64]

III. § 14 II 2 TzBfG

§ 14 II 2 TzBfG enthält das oben bereits erwähnte sog. Anschlussverbot. Eine Befristung gemäß § 14 II 1 TzBfG ist danach nicht zulässig, wenn mit demselben Arbeitgeber bereits zuvor ein befristetes oder unbefristetes Arbeitsverhältnis bestanden hat.

---

[64] BAG vom 14.12.2016, 7 AZR 49/15.

1. „Mit demselben Arbeitgeber"

Arbeitgeber i. S. d. § 14 II 2 TzBfG ist der Vertragsarbeitgeber. Zwischen Arbeitnehmerin und Arbeitgeber muss daher eine „Identität der Arbeitsvertragsparteien"[65] bestehen, d. h. jeweils dieselbe natürliche oder juristische Person. Hat ein Konzern z. B. drei Tochter-GmbHs und ist eine Arbeitnehmerin zunächst bei der GmbH 1 befristet nach § 14 II 1 TzBfG beschäftigt und anschließend bei der GmbH 2, fehlt es an einer solchen Identität. Die GmbH 2 kann also mit der Arbeitnehmerin einen „neuen" sachgrundlos befristeten Arbeitsvertrag abschließen, ohne dass hierin ein Verstoß gegen das Anschlussverbot des § 14 II 2 TzBfG liegen würde.

Beachte
Ein solches Vorgehen kann ggfl. einen Rechtsmissbrauch darstellen. Dies kann z. B. der Fall sein, *„wenn mehrere rechtlich und tatsächlich verbundene Vertragsarbeitgeber in bewusstem und gewollten Zusammenwirken aufeinanderfolgende befristete Arbeitsverträge mit einem Arbeitnehmer ausschließlich deshalb schließen, um auf diese Weise über die nach § 14 Abs. 2 TzBfG vorgesehenen Befristungsmöglichkeiten hinaus sachgrundlose Befristungen aneinanderreihen zu können"*[66].

2. „Arbeitsverhältnis"

Das TzBfG enthält keinen eigenständigen Begriff des Arbeitsverhältnisses. Es gilt die allgemeine Definition des § 611a I BGB. Keine Arbeitsverhältnisse sind z. B. zuvor bestehende

---

[65] ErfK/*Müller-Glöge*, § 14 TzBfG Rn. 93 unter Hinweis auf BAG vom 19.03.2014, 7 AZR 527/12.
[66] BAG vom 22.01.2014, 7 AZR 243/12. Rechtsfolge eines solchen missbräuchlichen Handelns ist das Zustandekommen eines Arbeitsverhältnisses mit dem letzten Vertragsarbeitgeber.

► Ausbildungsverhältnisse67
► Werkverträge
► freie Mitarbeiterverträge
...

In diesen Fällen ist also eine Erstbefristung nach § 14 II 1 TzBfG möglich, obwohl mit derselben natürlichen oder juristischen Person zuvor ein anderes Rechtsverhältnis, jedoch kein Arbeitsverhältnis bestand.

Stellt eine Arbeitgeberin einen Arbeitnehmer ein, der zuvor im Rahmen eines Leiharbeitsverhältnisses bei ihr tätig war, fehlt es ebenfalls an einem vorangegangenen Arbeitsverhältnis. Bei der Arbeitnehmerüberlassung besteht der Arbeitsvertrag zwischen Verleiher und Leiharbeitnehmer. Zwischen Leiharbeitnehmer und Entleiher liegt lediglich ein „tatsächliches Beschäftigungsverhältnis" vor.[68]

3. „Zuvor"

Lange Zeit war in Literatur und Rechtsprechung streitig, wie der in § 14 II 2 TzBfG enthaltene unbestimmte Rechtsbegriff „zuvor" auszulegen sei. Während Rechtsprechung und Teile der Literatur zunächst davon ausgingen,[69] hierbei handele es sich um ein zeitlich unbeschränktes Vorbeschäftigungsverbot, hielt das BAG ab 2011 eine Zuvorbeschäftigung für irrelevant, wenn sie mehr als

---

[67] Vgl. § 10 II BBiG und BAG vom 21.09.2011, 7 AZR 375/10.
[68] Zu den Rechtsbeziehungen bei der Arbeitnehmerüberlassung siehe weitergehend Kemper, Arbeitsrecht effektiv Band 3, Teil E.
[69] Zum früheren Meinungsstand vgl. statt aller ErfK/*Müller-Glöge*, § 14 TzBfG Rn. 92 ff.

drei Jahre zurückliege.[70] 2018 legte das BVerfG den Begriff wie folgt aus:

> *„In § 14 Abs. 2 Satz 2 TzBfG kommt eine gesetzgeberische Grundentscheidung zum Ausdruck, wonach sachgrundlose Befristungen zwischen denselben Arbeitsvertragsparteien grundsätzlich nur bei der erstmaligen Einstellung zulässig sein sollen. Der Gesetzgeber hat sich damit zugleich gegen eine zeitliche Begrenzung des Verbots entschieden. ... Mit der aus Materialien und Gesetzgebungsgeschichte erkennbaren gesetzgeberischen Grundentscheidung, wonach grundsätzlich jede Vorbeschäftigung bei demselben Arbeitgeber das Verbot einer sachgrundlos befristeten Wiedereinstellung auslöst, unabhängig davon, wie lange die Vorbeschäftigung zurückliegt, ist die Annahme, § 14 Abs. 2 Satz 2 TzBfG erfasse nur Vorbeschäftigungen, die nicht länger als drei Jahre zurückliegen, nicht vereinbar. ... Die Vorlagefrage ist dahin zu beantworten, dass § 14 Abs. 2 Satz 2 TzBfG mit dem Grundgesetz bei eingeschränkter Anwendung auf Fälle, in denen die Gefahr der Kettenbefristung und eine Abkehr von unbefristeter Beschäftigung als Regelfall besteht ... vereinbar ist."[71]*

Grundsätzlich verstoße also jedes zuvor bestandene Arbeitsverhältnis, unabhängig davon, wie weit es zeitlich zurückliege, gegen das Vorbeschäftigungsverbot des § 14 II 2 TzBfG. Eine Ausnahme könne jedoch dann vorliegen, wenn keine Gefahr von Kettenbefristungen bestehe. Dies sei etwa der Fall, wenn ein früheres Arbeitsverhältnis sehr lang zurückliege, ganz anders geartet oder von sehr kurzer Dauer gewesen sei, z. B. bei geringfügigen Nebenbeschäftigungen während der Schul- und Studien- oder Familienzeit oder bei studentischen Mitarbeiterinnen. Die Auslegung, was mit „sehr lange zurückliegt" konkret gemeint ist, überließ das BVerfG den Fachgerichten. Einen ersten Versuch unternahm das BAG im April 2019.

---

[70] So BAG vom 06.04.2011, 7 AZR 716/09.
[71] BVerfG vom 06.06.2018, 1 BvL 7/14.

„Nach der Entscheidung des Bundesverfassungsgerichts genügt es nicht, dass das Vorbeschäftigungsverhältnis lang zurückliegt, es muss vielmehr sehr lang zurückliegen. Das kann bei einem Zeitraum von ca. 15 Jahren - ohne das Hinzutreten besonderer Umstände - grundsätzlich nicht angenommen werden. Allein aufgrund dieses Zeitablaufs ist das Verbot der sachgrundlosen Befristung für die Arbeitsvertragsparteien nicht unzumutbar. Zwar dürfte bei dieser Zeitspanne eine Gefahr der Kettenbefristung nicht bestehen. Allerdings würde die Möglichkeit der sachgrundlosen Befristung bei einer erneuten Einstellung 15 Jahre nach dem Ende der Vorbeschäftigung allein wegen des Zeitablaufs den vom Gesetzgeber mit der Regelung in § 14 Abs. 2 Satz 2 TzBfG verfolgten Zweck, das unbefristete Arbeitsverhältnis als Regelbeschäftigungsform zu erhalten, gefährden.“[72]

In einer weiteren Entscheidung hatte das BAG die Gelegenheit, zu einem nicht mehr von § 14 II 2 TzBfG erfassten Sachverhalt Stellung zu nehmen. Ein Arbeitnehmer war 22 Jahre nach der Beendigung seines ersten Arbeitsverhältnisses von demselben Arbeitgeber erneut eingestellt worden.

„Wird ein Arbeitnehmer 22 Jahre nach der Beendigung seines Arbeitsverhältnisses erneut bei demselben Arbeitgeber eingestellt, gelangt das in § 14 Abs. 2 Satz 2 TzBfG bestimmte Verbot der sachgrundlosen Befristung nach einer Vorbeschäftigung in verfassungskonformer Auslegung der Vorschrift regelmäßig nicht zur Anwendung.“[73]

---

[72] BAG vom 17.04.2019, 7 AZR 323/17.
[73] Pressemitteilung 29/19 zu BAG vom 21.08.2019, 7 AZR 452/17. Die Entscheidungsgründe lagen bei Drucklegung des Skriptes noch nicht vor.

Beachte

Einen konkreten Zeitraum, der „sehr lange" definiert, wird es auch künftig nicht geben. Die Instanzgerichte und letztlich das BAG werden jeweils im Einzelfall den Sachverhalt würdigen und unter Berücksichtigung der Vorgaben des BVerfG entscheiden. Für die Rechtspraxis bleibt die Einschätzung schwierig, unter welchen Voraussetzungen man eine sachgrundlose Befristung vereinbaren kann, wenn der Arbeitnehmer bereits zu einem früheren Zeitpunkt beim Arbeitgeber beschäftigt war.

Problem

Bereits die Feststellung, ob eine Bewerberin zu einem früheren Zeitpunkt bereits einmal beschäftigt war, kann schwierig sein. Handelt es sich um Zeiträume von 10 Jahren und mehr, sind vielfach keine Personalunterlagen mehr vorhanden.[74] Man wird daher ein Fragerecht des Arbeitgebers hinsichtlich einer früheren Beschäftigung für zulässig erachten müssen.

IV. § 14 IIa TzBfG

§ 14a II TzBfG enthält eine Privilegierung für neu gegründete Unternehmen. Die Vorschrift soll Unternehmen in der regelmäßig schwierigen Aufbau- bzw. Startphase eine Flexibilisierung des Personaleinsatzes ermöglichen. Die kalendermäßige Befristung eines Arbeitsverhältnisses ist danach ohne Vorliegen eines sachlichen Grundes bis zu einer Dauer von vier Jahren zulässig. Innerhalb dieses Zeitraumes ist auch die mehrfache Verlängerung einer kalendermäßigen Befristung möglich. Anders als bei § 14 II 1 TzBfG ist die Zahl der zulässigen Verlängerungen nicht begrenzt. Die Vorschrift knüpft an den wortgleichen § 112a II 2 BetrVG an. Die hierzu ergangene Rechtsprechung wird man

---

[74] Auf die einzelnen Aufbewahrungsfristen und die in diesem Zusammenhang relevanten datenschutzrechtlichen Regelungen kann hier nicht weiter eingegangen werden.

grundsätzlich auch auf § 14 IIa TzBfG anwenden können. Nach Auffassung des BAG wollte der Gesetzgeber mit der Regelung in § 112a II 2 BetrVG Unternehmen und Konzerne, die rechtlich umstrukturiert werden und bei denen Unternehmen nur formal neu gegründet werden, von der Privilegierung des § 112a II 1 BetrVG ausnehmen. Hierzu seien z. B. die Verschmelzung bestehender Unternehmen auf ein neu gegründetes Unternehmen, die Umwandlung eines bestehenden Unternehmens auf ein neu gegründetes Unternehmen und die Auflösung eines bestehenden Unternehmens und die Übertragung seines Vermögens auf ein neu gegründetes Unternehmen zu rechnen.[75] Neugründungen in einem Konzern, ohne dass es i. Ü. zu einer Veränderung der Gesellschaftsstrukturen kommt, sind grundsätzlich nicht „schädlich".

„Wird innerhalb eines Konzerns eine Tochtergesellschaft ohne Änderung der rechtlichen Struktur schon bestehender Unternehmen neu gegründet, um bislang im Konzern nicht wahrgenommene wirtschaftliche Aktivitäten zu verfolgen, kann die neu gegründete Tochtergesellschaft von der erleichterten Befristungsmöglichkeit nach § 14 Abs. 2a Satz 1 TzBfG Gebrauch machen. Die Tochtergesellschaft ist keine nach § 14 Abs. 2a Satz 2 TzBfG von der erleichterten Befristungsmöglichkeit ausgenommene Neugründung im Zusammenhang mit der rechtlichen Umstrukturierung von Unternehmen und Konzernen."[76]

§ 14 IIa 4 TzBfG verweist auf Absatz 2 Satz 2 bis 4. Hierdurch wird klargestellt, dass das oben beschriebene Anschlussverbot auch für Neugründungen gilt. Ebenso wie bei § 14 II TzBfG kann auch hier durch Tarifvertrag die Anzahl der Verlängerungen

---

[75] BAG vom 22.02.1995, 10 ABR 23/94. Umstrukturierungen nach dem UmwG dürften i. d. R. keine Neugründungen darstellen.
[76] BAG vom 12.06.2019, 7 AZR 317/17.

und/oder die Höchstdauer der Befristungen abweichend festgelegt werden.

V. § 14 III TzBfG

§ 14 III TzBfG erlaubt für Arbeitnehmer, die bei Beginn des Arbeitsverhältnisses das 52. Lebensjahr vollendet haben und unmittelbar vor Beginn des befristeten Arbeitsverhältnisses mindestens vier Monate beschäftigungslos waren oder die in S. 1 genannten weiteren Voraussetzungen erfüllen, eine kalendermäßige, sachgrundlose Befristung bis zu einer Dauer von fünf Jahren. Möglich ist eine mehrfache, zahlenmäßig nicht beschränkte, Verlängerung des Arbeitsvertrages. Hierdurch sollen die Chancen älterer Arbeitnehmer, auf dem Arbeitsmarkt wieder „Fuß zu fassen", verbessert werden. Zugleich sollen Unternehmen einen Anreiz zur Einstellung älterer Arbeitnehmer erhalten.

Die Norm enthält keinen Verweis auf das in § 14 II 2 TzBfG enthaltene Anschlussverbot. Fraglich ist daher, ob nach einem vorherigem gemäß § 14 III TzBfG befristeten Arbeitsverhältnis und einer viermonatigen „Pause" eine erneute Befristung nach § 14 III TzBfG möglich ist.

Beispiel
Die Parteien haben eine Befristung von fünf Jahren gemäß § 14 III TzBfG vereinbart. Nach Ende des Arbeitsverhältnisses meldet sich der Arbeitnehmer arbeitslos. Vier Monate später wird gemäß § 14 III TzBfG ein neues auf fünf Jahre befristetes Arbeitsverhältnis geschlossen.

Formal lägen in einem solchen Fall die Voraussetzungen des § 14 III TzBfG vor. Das BAG hat eine Entscheidung zu dieser Problematik, soweit ersichtlich, bisher offengelassen.

„Vorliegend kann dahinstehen, ob die Regelung in § 14 Abs. 3 Sätze 1 und 2 TzBfG mit Art. 12 Abs. 1 GG und mit Art. 3 Abs. 1 GG uneingeschränkt vereinbar wäre, wenn sie dahin zu verstehen wäre, dass sie auch die wiederholte Inanspruchnahme durch dieselben Arbeitsvertragsparteien gestattet, sofern nur jeweils eine Beschäftigungslosigkeit von mindestens vier Monaten dazwischengeschaltet wird.“[77]

Die erstmalige Inanspruchnahme des § 14 III 1 TzBfG sei mit dem Grundgesetz und der Richtlinie 2000/78/EG vereinbar. Erhebliche Bedenken an der Vereinbarkeit mit der Richtlinie 2000/78/EG bestünden jedoch gegenüber der wiederholten Anwendung von § 14 III 1, 2 TzBfG zwischen denselben Arbeitsvertragsparteien. Es erscheine zweifelhaft, ob in diesem Fall der Grundsatz der Verhältnismäßigkeit noch gewahrt sei. Im Ergebnis wird man daher festhalten können, dass eine wiederholte Befristung nach § 14 III 1 TzBfG nach einer viermonatigen „Pause" nicht zulässig ist.[78]

---

[77] BAG vom 28.05.2014, 7 AZR 360/12.
[78] Die Problematik ist umstritten; vgl. hierzu HK-TzBfG/*Boecken*, § 14 Rn. 185 f.

F. Befristung mit Sachgrund

I. Grundlagen

Gemäß § 14 I 1 TzBfG ist die Befristung eines Arbeitsverhältnisses zulässig, wenn sie durch einen sachlichen Grund gerechtfertigt ist. Eine solche Sachgrundbefristung ist sowohl als Zeitbefristung (kalendermäßige Befristung) als auch als Zweckbefristung möglich. Auch Kombinationen von Zeit- und Zweckbefristungen (Doppelbefristungen) sind zulässig.[79]

§ 14 I 2 TzBfG enthält eine Aufzählung von Sachgründen. Aus der Formulierung *„insbesondere"* ergibt sich, dass die Aufzählung nicht abschließend ist.

Für die Wirksamkeit einer Sachgrundbefristung ist grundsätzlich auf den Zeitpunkt des Vertragsschlusses abzustellen. Ein nachträglicher Wegfall des Sachgrundes ist i. d. R. irrelevant.[80]

II. § 14 I 2 Nr. 1 TzBfG

Ein sachlicher Grund liegt vor, wenn der betriebliche Bedarf an der Arbeitsleistung nur vorübergehend besteht.

---

[79] Vgl. BAG vom 29.06.2011, 7 AZR 6/10. Zur Abgrenzung von Zweckbefristung und auflösender Bedingung vgl. Teil B. II. 2.
[80] So mit Hinweis auf die st. Rspr. BAG vom 13.12.2017, 7 AZR 69/16.

Ein vorübergehender Beschäftigungsbedarf kann sowohl durch einen vorübergehenden Anstieg des Arbeitsvolumens im Bereich der Daueraufgaben des Arbeitgebers entstehen als auch durch die Übernahme eines Projekts oder einer Zusatzaufgabe, für deren Erledigung das vorhandene Stammpersonal nicht ausreicht ... .[81]

Beispiele
- ▶ Saison- und Erntearbeiten
- ▶ Tätigkeiten im kreativen Bereich, z. B. Theater oder Fernsehen
- ▶ Schlussverkäufe oder
- ▶ projektbezogene Tätigkeiten

Ein Sachgrund nach § 14 I 2 Nr. 1 TzBfG liegt nach Auffassung des BAG nur vor, wenn nach dem vorgesehenen Vertragsende mit hinreichender Sicherheit für die Arbeitsleistungen des befristet eingestellten Arbeitnehmers kein dauerhafter betrieblicher Bedarf mehr bestehe. Hierüber müsse die Arbeitgeberin auf der Grundlage konkreter Anhaltspunkte eine Prognose erstellen. Nicht ausreichend sei eine allgemeine (normale) Unsicherheit über den konkreten Bedarf an Arbeitskräften bzw. der künftigen wirtschaftlichen Entwicklung. Diese allgemeine Unsicherheit gehöre zum unternehmerischen Risiko, das die Arbeitgeberin nicht auf die Arbeitnehmerin abwälzen dürfe.[82]

III. § 14 I 2 Nr. 2 TzBfG

Die sog. Absolventenbefristung soll den Übergang von Ausbildung oder Studium in eine Anschlussbeschäftigung erleichtern.

---

[81] BAG vom 21.11.2018, 7 AZR 234/17.
[82] Vgl. die weitergehende Begründung bei BAG vom 24.09.2014, 7 AZR 987/12 und BAG vom 21.11.2018, 7 AZR 234/17.

Beachte
Da ein Ausbildungsverhältnis kein Arbeitsverhältnis i. S. d. § 611a I
BGB darstellt, wäre auch eine sachgrundlose Befristung bis zu einer
Höchstdauer von zwei Jahren nach § 14 II 1 TzBfG möglich. Das An-
schlussverbot des § 14 II 2 TzBfG würde mangels vorhergehendem
Arbeitsverhältnis nicht eingreifen. Die Sachgrundbefristung nach
§ 14 I 2 Nr. 2 TzBfG erlaubt auch eine über zwei Jahre hinausge-
hende Befristung.

Gemäß § 24 BBiG gilt ein Arbeitsverhältnis auf unbestimmte Zeit
als begründet, wenn Auszubildende im unmittelbaren Anschluss
an das Berufsausbildungsverhältnis ohne ausdrückliche Vereinbarung über eine Befristung beschäftigt werden. Der Abschluss
des befristeten Vertrages muss in diesem Fall spätestens am Tag
der Beendigung des Ausbildungsverhältnisses erfolgen.[83]

Es ist aber nicht in allen Fällen zwingend erforderlich, dass eine
befristete Beschäftigung unmittelbar *„im Anschluss"* an die Be-
rufsausbildung vereinbart wird. Unschädlich ist ein angemessener
Zeitraum, der für die Suche nach einer Beschäftigung benötigt
wurde. Allerdings darf auch in diesem Fall zwischenzeitlich kein
Arbeitsverhältnis bestanden haben.

Gemäß § 12 BBiG können Auszubildende sich innerhalb der letzten sechs Monate des Berufsausbildungsverhältnisses verpflich-
ten, nach dessen Beendigung mit dem Ausbildenden ein Arbeitsverhältnis einzugehen. Dabei spielt es keine Rolle, ob es sich ein
unbefristetes oder befristetes Arbeitsverhältnis handelt.

---

[83] Vgl. ErfK/*Müller-Glöge*, § 14 Rn. 30.

Beachte

§ 78a BetrVG stellt eine besondere Schutzvorschrift für Auszubildende dar, die Mitglied der Jugend- und Auszubildendenvertretung, des Betriebsrats, der Bordvertretung oder des Seebetriebsrats sind. Beabsichtigt ein Arbeitgeber, diese nicht in ein unbefristetes Arbeitsverhältnis zu übernehmen, muss er dies gemäß § 78a I BetrVG dem Auszubildenden drei Monate vor Beendigung des Berufsausbildungsverhältnisses schriftlich mitteilen. Unterbleibt die Mitteilung, kommt zwar kein Arbeitsverhältnis auf unbestimmte Zeit zustande. Dem Auszubildenden bleibt aber unbenommen, nach § 78a II 1 BetrVG innerhalb der letzten drei Monate schriftlich die Weiterbeschäftigung zu verlangen.[84] Rechtsfolge des Verlangens ist, dass zwischen Auszubildenden und Arbeitgeber im Anschluss an das Berufsausbildungsverhältnis ein Arbeitsverhältnis auf unbestimmte Zeit zustande kommt.

Die Begriffe Ausbildung und Studium werden weit ausgelegt. Ein Studium kann an einer öffentlich-rechtlichen oder auch privaten Einrichtung absolviert worden sein. Unter Ausbildung werden nicht nur Berufsausbildungsverhältnisse nach § 10 BBiG gefasst. Hierunter sind auch andere Ausbildungen außerhalb des BBiG, die dem Erwerb beruflicher Kenntnisse, Fertigkeiten oder Erfahrungen dienen, zu verstehen. Umschulungen oder interne Fort- oder Weiterbildung fallen jedoch nicht unter § 14 II 2 Nr. 2 TzBfG.[85]

IV. § 14 I 2 Nr. 3 TzBfG

Die sog. Vertretungsbefristung greift z. B. bei Krankheitsfällen, Urlaub, Elternzeit oder Beschäftigungsverboten nach dem MuSchG

---

[84] Fitting, § 78a BetrVG Rn. 16. Der Arbeitgeber kann unter den Voraussetzungen des § 78a IV BetrVG beim Arbeitsgericht u. a. die Feststellung verlangen, dass ein Arbeitsverhältnis nicht begründet wird.
[85] So Schaub/*Koch*, § 40 Rn. 16.

ein. § 6 PflegeZG enthält eine Sonderregelung zur Befristung von Arbeitsverträgen für Arbeitnehmer während der Pflegezeit.

"Nach § 14 Abs. 1 Satz 1, Satz 2 Nr. 3 TzBfG liegt ein sachlicher Grund für die Befristung eines Arbeitsvertrags vor, wenn der Arbeitnehmer zur Vertretung eines anderen Arbeitnehmers beschäftigt wird. Der Grund für die Befristung liegt in Vertretungsfällen darin, dass der Arbeitgeber bereits zu einem vorübergehend ausfallenden Mitarbeiter in einem Rechtsverhältnis steht und mit der Rückkehr dieses Mitarbeiters rechnet. Damit besteht für die Wahrnehmung der an sich dem ausfallenden Mitarbeiter obliegenden Arbeitsaufgaben durch eine Vertretungskraft von vornherein nur ein zeitlich begrenztes Bedürfnis ...."[86]

Wie bei § 14 I 2 Nr. 1 TzBfG ist auch hier Teil des Sachgrundes die Prognose des Arbeitgebers, wie sich der Beschäftigungsbedarf nach Rückkehr des vertretenen Arbeitnehmers darstellt.

Zwischen dem Ausfall des zu vertretenden Arbeitnehmers und der befristeten Einstellung eines Vertreters muss ein ursächlicher Zusammenhang bestehen. Dieser kann aber auch bei der sog. mittelbaren Vertretung bestehen. Die befristet eingestellte Arbeitnehmerin muss also nicht zwingend auf dem Arbeitsplatz des verhinderten Arbeitnehmers beschäftigt werden.

Beispiel
Für die voraussichtlich sechs Monate erkrankte Leiterin der Personalabteilung wird eine Vertretung (B) befristet eingestellt. Die Aufgaben der erkrankten Personalleiterin übernimmt aber nicht der befristet eingestellte B, sondern die bisherige Vertreterin der Personalleiterin. Deren Tätigkeitsbereich übernimmt B für die Dauer der Erkrankung.

---

[86] BAG vom 24.08.2016, 7 AZR 41/15.

"Der Vertretungszusammenhang ist gegeben, wenn der befristet zur Vertretung eingestellte Mitarbeiter die vorübergehend ausfallende Stammkraft unmittelbar vertritt und die von ihr bislang ausgeübten Tätigkeiten erledigt (unmittelbare Vertretung). ... Der Vertretungszusammenhang kann auch gegeben sein, wenn der Vertreter nicht unmittelbar die Aufgaben des vertretenen Mitarbeiters übernimmt. Denn die befristete Beschäftigung zur Vertretung lässt die Versetzungs- und Umsetzungsbefugnisse des Arbeitgebers unberührt. Der Arbeitgeber kann bei einem vorübergehenden Ausfall eines Stammarbeitnehmers darüber bestimmen, ob er den Arbeitsausfall überhaupt überbrücken will, ob er im Wege der Umverteilung die von dem zeitweilig verhinderten Arbeitnehmer zu erledigenden Arbeitsaufgaben anderen Mitarbeitern zuweist oder ob er dessen Aufgaben ganz oder teilweise von einer Vertretungskraft erledigen lässt."[87]

Im Zusammenhang mit dauerhaften Vertretungen,[88] aber auch bei anderen Sachgründen, kann das Problem von Kettenbefristungen auftreten. Diese Thematik wird unten im Teil F. X. behandelt.[89]

V. § 14 I 2 Nr. 4 TzBfG

Ein sachlicher Grund kann auch dann vorliegen, wenn die Eigenart der Arbeitsleistung die Befristung rechtfertigt. Hauptanwendungsbereiche sind Rundfunkanstalten, Theater und Bühnen (z. B. Schauspieler) oder auch im Sportbereich.

---

[87] BAG vom 11.02.2015, 7 AZR 113/13.

[88] Z. B. ein Arbeitnehmer wird über 10 Jahre oder mehr für wechselnd abwesende Mitarbeiter befristet beschäftigt.

[89] Auf die Thematik der sog. Abordnungsbefristung kann hier nicht weiter eingegangen werden.

Beispiel

Ein Schauspieler stellt in einer Krimiserie 18 Jahre lang den Kommissar dar. Hierzu werden sog. „Mitarbeiterverträge" bzw. „Schauspielerverträge" geschlossen, die sich auf einzelne Folgen beziehen. Dann wird die Rolle aus der Sendung „gestrichen" und der Schauspieler wird nicht weiter beschäftigt.[90]

Das BAG war der Auffassung, die durch Art. 5 III GG geschützte Kunstfreiheit des Arbeitgebers müsse Befristungen ermöglichen. Bei der gebotenen verfassungskonformen Auslegung und Anwendung des Sachgrundes in § 14 I 2 Nr. 4 TzBfG dürfe aber nicht allein die Kunstfreiheit Beachtung finden. Vielmehr sei auch unter Berücksichtigung von Art. 12 I GG ein Mindestbestandsschutz des künstlerisch tätigen Arbeitnehmers zu gewährleisten. Dies gebiete eine Abwägung der beiderseitigen Belange, bei der auch das Bestandsschutzinteresse des Arbeitnehmers angemessen Berücksichtigung finden müsse. Im obigen Fall wurden die Befristung und damit die Beendigung des Arbeitsverhältnisses aufgrund der letzten Befristungsabrede für rechtmäßig erachtet.

Bei programmgestaltenden Beschäftigten von Rundfunk und Fernsehen sei bei der Abwägung insbesondere dem durch Art. 5 I 2 GG geschützten Recht auf Programmplanung Rechnung zu tragen.[91] Im Profisportbereich, z. B. bei Fußballern oder Trainern in der 1. Bundesliga, sei eine Befristung ebenfalls wegen der Eigenart der Tätigkeit gerechtfertigt. Sportliche Höchstleistungen könnten nur für eine begrenzte Zeit erbracht werden.[92]

---

[90] Fall nachgebildet von BAG vom 30.08.2017, 7 AZR 440/16.
[91] Zu weiteren Fallkonstellationen vgl. HK-TzBfG/*Boeckler*, § 14 Rn. 82 ff.
[92] BAG vom 16.01.2018, 7 AZR 312/16.

VI. § 14 I 2 Nr. 5 TzBfG

Die Befristung zur Erprobung spielt in der Praxis keine große Rolle. Einerseits können unbefristete Arbeitsverträge mit Vereinbarung einer Probezeit geschlossen werden. In der Probezeit genießen die Mitarbeiter i. d. R. keinen Kündigungsschutz und die Arbeitsverhältnisse können mit der verkürzten Frist des § 622 III BGB beendet werden. Zudem liegt bei der Erprobung einer Arbeitnehmerin meist keine Vorbeschäftigung vor. In diesen Fällen könne auch von der sachgrundlosen Befristung gemäß § 14 II 1 TzBfG Gebrauch gemacht werden.

Wie bei den anderen Sachgründen kommt es darauf an, ob die Voraussetzungen, hier der Erprobungszweck, zum Zeitpunkt des Vertragsschlusses vorliegen. Für die Feststellung, ob die Dauer der Erprobung gerechtfertigt ist, orientiert man sich an § 622 III TzBfG. Jedenfalls bis zu sechs Monaten ist eine Erprobung daher zulässig.

„§ 14 Abs. 1 Satz 2 Nr. 5 TzBfG nennt keine konkrete zeitliche Vorgabe zur Erprobungsdauer. Allerdings kann der vereinbarten Vertragslaufzeit Bedeutung im Rahmen der Prüfung des Befristungsgrunds zukommen. Sie muss sich am Sachgrund der Befristung orientieren und so mit ihm im Einklang stehen, dass sie nicht gegen das Vorliegen des Sachgrunds spricht. ... Steht die vereinbarte Dauer der Erprobungszeit in keinem angemessenen Verhältnis zu der in Aussicht genommenen Tätigkeit, trägt der Sachgrund der Erprobung nicht. Im Allgemeinen werden nach dem Vorbild des § 1 KSchG und der Kündigungsfristenregelung für Kündigungen während der Probezeit (§ 622 Abs. 3 BGB) sechs Monate als Erprobungszeit ausreichen. Einschlägige Tarifverträge können Anhaltspunkte geben, welche Probezeit angemessen ist .... Längere Befristungen zur Erpro-

bung aufgrund besonderer Einzelfallumstände sind aber - vorbehaltlich entgegenstehender einschlägiger und für das Arbeitsverhältnis geltender Tarifvorschriften - möglich.[93]

Das befristete Arbeitsverhältnis zur Probe endet nach Ablauf der Probezeit; einer Kündigung bedarf es nicht. Ein Sonderkündigungsschutz, z. B. nach § 17 MuSchG, besteht grundsätzlich nicht.[94] Es ist auch keine Beteiligung des Integrationsamtes oder der Schwerbehindertenvertretung erforderlich, da es an einer Kündigung mangelt.

VII. § 14 I 2 Nr. 6 TzBfG

Im Einzelfall kann sich eine Zulässigkeit der Befristung auch aus in der Person des Arbeitnehmers liegenden Gründen ergeben. Dies können z. B. soziale Gründe sein oder eine nur befristete Arbeitserlaubnis. In Betracht kommt auch der Wunsch der Arbeitnehmerin auf einen befristeten Arbeitsvertrag, weil sie nach Ablauf der Befristung bereits bei einem anderen Arbeitgeber eine Tätigkeit aufnehmen wird.[95]

VIII. § 14 I 2 Nr. 7 TzBfG

Während der Sachgrund der Haushaltsbefristung in der Hochschulausbildung eine eher untergeordnete Rolle spielt, ist er in der

---

[93] BAG vom 25.10.2017, 7 AZR 712/15.
[94] Anders kann dies ausnahmsweise sein, wenn eine Nichtfortsetzung des Arbeitsverhältnisses nur wegen einer Schwangerschaft der Arbeitnehmerin erfolgt. Hieraus können ggf. auch Schadensersatz- bzw. Entschädigungsansprüche nach § 15 AGG resultieren.
[95] Vgl. weitergehend HK-TzBfG/*Boecken*, § 14 Rn. 97, 99.

Praxis des öffentlichen Dienstes von erheblicher Bedeutung. Neben der nur zeitlich begrenzten Verfügbarkeit von Haushaltsmitteln erfordert eine Befristung nach § 14 I 2 Nr. 7 TzBfG den überwiegenden Einsatz des befristet beschäftigten Arbeitnehmers entsprechend der Zwecksetzung der bereitstehenden Haushaltsmittel. Maßgeblich hierfür sowie für die Frage, ob der Arbeitnehmer aus Haushaltsmitteln vergütet worden ist, sind die Umstände bei Vertragsschluss. Eine spätere Feststellung, dass die Arbeitnehmerin

> *„... tatsächlich nicht aus den bei Vertragsschluss verfügbaren Haushaltsmitteln vergütet oder entsprechend der Zwecksetzung der zur Verfügung stehenden Haushaltsmittel beschäftigt wird, kann ... daher nur ein Indiz dafür sein, dass der Befristungsgrund in Wirklichkeit nicht gegeben, sondern nur vorgeschoben ist. Es obliegt in diesem Fall dem Arbeitgeber, die vom Vertrag abweichende Handhabung zu erklären.“[96]*

Umstritten ist, was unter den Begriff „Haushaltsmittel" fällt. Ist hierfür ein parlamentarisch verabschiedetes Haushaltsgesetz erforderlich oder genügt es, dass eine Ausweisung der Mittel in einem nach öffentlichen Haushaltsrecht aufgestellten Haushaltsplan erfolgt? Nach der Rechtsprechung des BAG können sich jedenfalls rechtsfähige bundesunmittelbare Körperschaften des öffentlichen Rechts mit Selbstverwaltung (hier die Bundesanstalt für Arbeit) nicht auf § 14 I 2 Nr. 7 TzBfG berufen.

> *„Die allein dem öffentlichen Arbeitgeber durch § 14 Abs. 1 Satz 2 Nr. 7 TzBfG zusätzlich zu den auch ihm zur Verfügung stehenden sonstigen Sachgründen des § 14 Abs. 1 Satz 2 TzBfG eröffnete Befristungsmöglichkeit stellt für die bei ihm beschäftigten Arbeitnehmer im*

---

[96] BAG vom 28.09.2016, 7 AZR 549/14.

Verhältnis zu den in der Privatwirtschaft beschäftigten Arbeitnehmern eine Verschlechterung des gesetzlichen Bestandsschutzes dar. Da diese Verschlechterung die Schutzpflicht der Berufsfreiheit nach Art. 12 Abs. 1 GG betrifft, sind an ihre Rechtfertigung strenge Anforderungen zu stellen .... Diese sind jedenfalls dann nicht erfüllt, wenn der Haushaltsplan nicht unmittelbar demokratisch legitimiert ist und der Haushaltsplangeber zugleich Arbeitgeber ist."[97]

Hieraus entnehmen Teile der Literatur, dass sich nur Bund und Länder, nicht aber Körperschaften des öffentlichen Rechts mit Selbstverwaltung auf § 14 I 2 Nr. 7 TzBfG berufen können.[98]

IX. § 14 I 2 Nr. 8 TzBfG

Nach dem letzten in § 14 I TzBfG genannten Sachgrund kann eine Befristung gerechtfertigt sein, wenn sie auf einem gerichtlichen Vergleich beruht. Der Gesetzgeber geht davon aus, dass durch die Mitwirkung des Arbeitsgerichts beim Zustandekommen des Vergleichs keine weitere Befristungskontrolle notwendig sei. Durch die Mitwirkung des Gerichts werde sichergestellt, dass die Interessen beider Parteien ausreichend berücksichtigt würden.

„Der gerichtliche Vergleich, mit dem die Parteien zur Beilegung einer Rechtsstreitigkeit ein befristetes oder auflösend bedingtes Arbeitsverhältnis vereinbaren, unterliegt keiner weiteren Befristungskontrolle. Deren Funktion erfüllt das Arbeitsgericht durch seine ordnungsgemäße Mitwirkung beim Zustandekommen des Vergleichs, der regelmäßig sogar auf seinem Vorschlag beruht ..."[99]

---

[97] BAG vom 09.03.2011, 7 AZR 47/10.
[98] Vgl. zu dieser Problematik ausführlich HK-TzBfG/*Boecken*, § 14 Rn. 107 ff.
[99] BAG vom 12.11.2014, 7 AZR 891/12.

Ein außergerichtlicher Vergleich erfüllt diese Voraussetzungen nicht. Allerdings wird die Befristungsmöglichkeit durch gerichtlichen Vergleich von der Praxis teilweise „missbraucht". Dies sind insbesondere Fälle, in denen wegen einer Vorbeschäftigung keine sachgrundlose Befristung nach § 14 II 2 TzBfG erfolgen kann und ein Sachgrund nach § 14 I TzBfG nicht vorliegt. Sind sich Arbeitgeber und Arbeitnehmer aber einig, dass ein befristeter Arbeitsvertrag geschlossen werden soll, leiten sie ein gerichtliches Verfahren auf Feststellung der Unwirksamkeit einer vorangegangenen Befristung ein und einigen sich im Prozess auf eine befristete Fortführung. Das Gericht prüft in diesen Fällen grundsätzlich nicht mehr, ob die Befristung zulässig ist. Um einen solchen Missbrauch zu vermeiden, setzt nach Auffassung des BAG der Sachgrund des gerichtlichen Vergleichs neben der Mitwirkung des Gerichts am Zustandekommen eines befristeten Arbeitsverhältnisses das Bestehen eines offenen Streits der Parteien über den Fortbestand des zwischen ihnen bestehenden Arbeitsverhältnisses voraus. Hierfür seien gegensätzliche Rechtsstandpunkte der Parteien erforderlich, ob bzw. wie lange zwischen ihnen ein Arbeitsverhältnis bestehe. Insbesondere müsse der Arbeitnehmer nachdrücklich seine Rechtsposition vertreten und gegenüber der Arbeitgeberin geltend gemacht haben. Die Arbeitgeberin müsse es daraufhin abgelehnt haben, den Arbeitnehmer entsprechend seiner Forderung zu beschäftigen. Hierdurch würde eine missbräuchliche Ausnutzung des Sachgrunds nach § 14 I 2 Nr. 8 TzBfG verhindert und gewährleistet, dass der gerichtliche Vergleich nicht nur zur Protokollierung einer von den Arbeitsvertragsparteien vor Rechtshängigkeit getroffenen Vereinbarung benutzt werde.[100]

X. Weitere Sachgründe

Aus dem Begriff „insbesondere" in § 14 I 2 TzBfG ergibt sich, dass es sich um eine nur beispielhafte, nicht abschließende Aufzählung handelt. Weitere Sachgründe[101] können z. B. sein:

▶ befristete Anstellung bis ein anderer Arbeitnehmer, mit dem bereits ein Arbeitsvertrag geschlossen wurde, seine Tätigkeit aufnimmt,

▶ befristete Anstellung bis zum Zeitpunkt der Übernahme einer Auszubildenden,

▶ befristete Anstellung bis über eine Konkurrentenklage entschieden ist,

▶ befristete Anstellung bis zum Ende der Entsendung eines anderen Arbeitnehmers,

▶ Befristung auf das Erreichen der Regelaltersgrenze,

▶ Befristungen auf der Grundlage von § 6 PflegeZG.

XI. Kettenbefristungen/Befristungsketten

Grundsätzlich sind sog. Befristungsketten, d. h. die mehrfache befristete Einstellung eines Arbeitnehmers auf der Grundlage eines oder unterschiedlicher Sachgründe, zulässig. In der Praxis tritt

---

[100] So mit Hinweis auf die st. Rspr. BAG vom 12.11.2014, 7 AZR 891/12.
[101] Die aufgeführten Beispiele wurden entnommen aus HK-TzBfG, *Boecken*, § 14 Rn. 127 ff und ErfK/*Müller-Glöge*, § 14 TzBfG Rn. 78 ff.

diese Fallgestaltung meist im Zusammenhang mit der Vertretungsbefristung gemäß § 14 I 2 Nr. 3 TzBfG und der Haushaltsbefristung gemäß § 14 I 2 Nr. 7 TzBfG auf. Je nach Dauer und Anzahl der Befristungen können solche Befristungsketten die Grenze zur Rechtsmissbräuchlichkeit überschreiten.

Beispiel
Eine Arbeitnehmerin ist auf der Grundlage von insgesamt 13 befristeten Arbeitsverträgen über einen Zeitraum von 11 Jahren beschäftigt worden. Die befristeten Verträge wurden stets aus Anlass der vorübergehenden Beurlaubung, insbesondere im Zusammenhang mit Sonder- und Erziehungsurlaub, einer der unbefristet eingestellten Arbeitnehmer geschlossen und dienten jeweils deren Vertretung.

Das BAG hatte diesen Fall im Rahmen eines Vorabentscheidungsverfahren dem EuGH vorgelegt. Das BAG wollte wissen, ob es mit § 5 Nr. 1 der EGB-UNICE-CEEP-Rahmenvereinbarung über befristete Arbeitsverträge im Anhang der Richtlinie 1999/70/EG des Rates vom 28. Juni 1999 (Rahmenvereinbarung) vereinbar sei, die wiederholte Befristung eines Arbeitsvertrages auch dann auf den Sachgrund der Vertretung zu stützen, wenn beim Arbeitgeber ein ständiger Vertretungsbedarf bestehe, der ebenso durch unbefristete Arbeitsverhältnisse befriedigt werden könne.[102]

Der EuGH beantwortete die Frage wie folgt:

---

[102] Beschluss des BAG vom 27.11.2010, 7 AZR 443/09.

„Paragraf 5 Nr. 1 Buchst. a der Rahmenvereinbarung über befristete Verträge (ist) dahin auszulegen, dass die Anknüpfung an einen vorübergehenden Bedarf an Vertretungskräften in nationalen Rechtsvorschriften wie den im Ausgangsverfahren in Rede stehenden grundsätzlich einen sachlichen Grund im Sinne dieser Bestimmung darstellen kann. Aus dem bloßen Umstand, dass ein Arbeitgeber gezwungen sein mag, wiederholt oder sogar dauerhaft auf befristete Vertretungen zurückzugreifen, und dass diese Vertretungen auch durch die Einstellung von Arbeitnehmern mit unbefristeten Arbeitsverträgen gedeckt werden könnten, folgt weder, dass kein sachlicher Grund im Sinne von Paragraf 5 Nr. 1 Buchst. a der Rahmenvereinbarung über befristete Verträge gegeben ist, noch das Vorliegen eines Missbrauchs im Sinne dieser Bestimmung. Bei der Beurteilung der Frage, ob die Verlängerung befristeter Arbeitsverträge oder -verhältnisse durch einen solchen sachlichen Grund gerechtfertigt ist, müssen die Behörden der Mitgliedstaaten jedoch im Rahmen ihrer jeweiligen Zuständigkeiten alle Umstände des Falles einschließlich der Zahl und der Gesamtdauer der in der Vergangenheit mit demselben Arbeitgeber geschlossenen befristeten Arbeitsverträge oder -verhältnisse berücksichtigen."[103]

Das BAG führte im Anschluss hieran aus, selbst die große Anzahl der mit einem Arbeitnehmer abgeschlossenen befristeten Arbeitsverträge führe nicht dazu, an die Prüfung, ob der Sachgrund der Vertretung vorliege, besonders strenge Anforderungen zu stellen. Der Sachgrund der Vertretung liege vor, wenn ein Arbeitnehmer zur Deckung eines Beschäftigungsbedarfs eingestellt sei, der durch die vorübergehende Arbeitsverhinderung eines anderen Arbeitnehmers verursacht werde. Für die Beurteilung, ob diese Voraussetzungen erfüllt seien, komme es nicht darauf an, ob der befristet eingestellte Arbeitnehmer bereits zuvor im Rahmen befristeter Arbeitsverträge bei dem Arbeitgeber beschäftigt worden sei

---

[103] EuGH vom 26.01.2012, C 586/10.

oder nicht. Es gelte vielmehr der allgemeine Prüfungsmaßstab des institutionellen Rechtsmissbrauchs. Die danach vorzunehmende Prüfung verlange eine Würdigung sämtlicher Umstände des Einzelfalles. Von besonderer Bedeutung für die Beurteilung eines möglichen Rechtsmissbrauchs seien die Gesamtdauer der befristeten Verträge sowie die Anzahl der Vertragsverlängerungen.[104]

In späteren Entscheidungen konkretisierte das BAG diese doch etwas „nebulösen" Ausführungen. Eine Kontrolle nach den Grundsätzen eines institutionellen Rechtsmissbrauchs sei i. d. R. geboten, wenn die Gesamtdauer des befristeten Arbeitsverhältnisses acht Jahre überschreite oder mehr als zwölf Verlängerungen vereinbart worden seien oder wenn die Gesamtdauer des befristeten Arbeitsverhältnisses sechs Jahre überschreite und mehr als neun Vertragsverlängerungen vereinbart worden seien. Von einem indizierten Rechtsmissbrauch sei grundsätzlich auszugehen, wenn die Gesamtdauer des Arbeitsverhältnisses zehn Jahre überschreite oder mehr als 15 Vertragsverlängerungen vereinbart worden seien oder wenn mehr als zwölf Vertragsverlängerungen bei einer Gesamtdauer von mehr als acht Jahren vorlägen.[105]

Mit Urteil vom 21.03.2017, 7 AZR 369/15, bestätigte das BAG diese Rechtsprechung. Die Praxis leitet aus den Entscheidungen eine Art "Ampelprüfung" ab, die vereinfacht wie folgt aussieht:

---

[104] Vgl. BAG vom 18.07.2012, 7 AZR 443/09.
[105] Vgl. BAG vom 26.20.2016, 7 AZR 135/15.

Grüne Ampel (grundsätzlich unbedenkliche Vertragskonstellationen:
► Laufzeit max. acht Jahre
► Anzahl der Verlängerungen max. 12

Gelbe Ampel (Wirksamkeitskontrolle im Einzelfall):
► Laufzeit mehr als acht Jahre, max. aber 10 Jahre
► Anzahl der Verlängerungen mehr als 12, aber max. 15

Rote Ampel (Unwirksamkeit indiziert):
► Laufzeit über 10 Jahre
► Anzahl der Verlängerungen mehr als 15[106]

Liegt eine "rote Ampel" vor, d. h. indizieren die Laufzeit oder die Anzahl der Verlängerungen einen institutionellen Rechtsmissbrauch, hat die Arbeitgeberin die Möglichkeit, dieses Indiz durch Darlegung besonderer Umstände zu entkräften.[107]

Beispiele
► Laufzeit der Verlängerungen insgesamt sechs Jahre und vier Monate, Anzahl der Verlängerungen 15
  ► Rechtsmissbrauch nicht indiziert, da keiner der "Schwellenwerte" erreicht[108]
► Laufzeit der Verlängerungen insgesamt 15 Jahre, Anzahl der Verlängerungen sieben
  ► "tiefrote Ampel", Rechtsmissbrauch indiziert[109]

---

[106] Darstellung angelehnt an https://www.anwalt.de/rechtstipps/kettenbefristung-mit-sachgrund-die-missbrauchsampel-des-bag_152834.html, und https://www.hensche.de/Wann-sind-Sachgrundbefristungen-missbraeuchlich-Missbrauchskontrolle-bei-Kettenbefristungen-BAG-7AZR369-15.html, jeweils abgerufen am 16.10.2019.
[107] Vgl. ausführlich HK-TzBfG/*Boecken*, § 14 Rn. 26 ff.
[108] So BAG vom 26.10.2016, 7 AZR 135/15. Dabei wies das BAG darauf hin, dass *„branchenspezifische Besonderheiten des Schulbetriebs"* zu berücksichtigen seien.
[109] Siehe LAG Baden-Württemberg vom 19.06.2017, 1 Sa 7/17.

> ▶ Laufzeit der Verlängerungen insgesamt 25 Monate, Anzahl der Befristungen sechs
> ▶ Rechtsmissbrauch nicht indiziert[110]
> ▶ Laufzeit der Verlängerungen sieben Jahre, Anzahl der Verlängerungen 22
> ▶ Rechtsmissbrauch indiziert[111]

In die Beurteilung, ob ein institutioneller Rechtsmissbrauch vorliegt, sind weitere Gesichtspunkte mit einzubeziehen, z. B.:

▶ Wurde der Arbeitnehmer immer auf demselben Arbeitsplatz mit denselben Aufgaben beschäftigt oder betrafen die jeweiligen befristeten Arbeitsverträge wechselnde, ganz unterschiedliche Tätigkeiten?

▶ Handelt es sich um eine Befristung zur unmittelbaren Vertretung (weniger missbrauchsanfällig) oder eine mittelbare Vertretung?

▶ Bleibt die Laufzeit der Befristungen wiederholt hinter der prognostizierten Dauer des Vertretungsbedarfs zurück, ohne dass dies durch ein berechtigtes Interesse des Arbeitgebers gerechtfertigt ist?

▶ Wie oft liegen Unterbrechungen zwischen den befristeten Arbeitsverträgen vor und wie lange dauern diese an?[112]

Möglicherweise erübrigt sich künftig diese Problematik. Im Koalitionsvertrag zwischen CDU, CSU und SPD vom 07.02.218 wurde vereinbart:

---

[110] LAG Berlin-Brandenburg vom 19.10.2018, 2 Sa 683/18.
[111] Vgl. BAG vom 21.02.2018, 7 AZR 765/16.
[112] Vgl. hierzu ausführlich BAG vom 21.02.2018, 7 AZR 696/16 und BAG 21.02.2018, 7 AZR 765/16.

„Wir wollen nicht länger unendlich lange Ketten von befristeten Arbeitsverhältnisses hinnehmen. Eine Befristung eines Arbeitsverhältnisses ist dann nicht zulässig, wenn mit demselben Arbeitgeber bereits zuvor ein unbefristetes oder ein oder mehrere befristete Arbeitsverhältnisse mit einer Gesamtdauer von fünf oder mehr Jahren bestanden haben. Wir sind uns darüber einig, dass eine Ausnahmeregelung für den Sachgrund nach § 14 Abs. 1 Nr. 4 Teilzeit- und Befristungsgesetz wegen der Eigenart des Arbeitsverhältnisses (Künstler, Fußballer) zu treffen ist."

Es bleibt aber abzuwarten, ob dieses Vorhaben tatsächlich noch in der jetzigen Legislaturperiode umgesetzt wird.

G. Probezeitbefristung

I. Grundlagen

Das Probearbeitsverhältnis ist ein Sonderfall eines befristeten Arbeitsverhältnisses. Seine Voraussetzungen sind, mit Ausnahme einer Probezeitbefristung nach § 14 I 2 Nr. 5 TzBfG, nicht ausschließlich im TzBfG geregelt. Beiden „Arten" von Probearbeitsverhältnissen eint der Zweck, den Vertragsparteien die Möglichkeit zur Prüfung zu geben, ob eine langfristige Zusammenarbeit sinnvoll ist. Eine gesetzliche Verpflichtung zur Vereinbarung einer Probezeit gibt es nur in Berufsausbildungsverhältnissen, § 20 BBiG. Danach muss die Probezeit mindestens einen Monat und darf höchstens vier Monate betragen. In der Praxis ist die Vereinbarung einer Probezeit aber auch bei Arbeitsverträgen üblich und sinnvoll.

II. Arten von Probearbeitsverhältnissen

1. Unbefristetes Arbeitsverhältnis mit vorgeschalteter Probezeit

Hierbei handelt es sich um ein „normales" Arbeitsverhältnis, das eine besondere Kündigungsregelung enthält. Gemäß § 622 III TzBfG kann während einer vereinbarten Probezeit, längstens für die Dauer von sechs Monaten, das Arbeitsverhältnis mit einer Frist von zwei Wochen gekündigt werden. Nach § 622 IV TzBfG kann die Kündigungsfrist durch Tarifvertrag verkürzt oder verlängert werden.[113] Der Zugang der Kündigung muss nur während der Probezeit erfolgen, d. h. der Beendigungszeitpunkt des Arbeitsverhältnisses muss nicht innerhalb der Probezeit liegen.

Beispiel
Die Probezeit endet am 31.12. des Jahres. Es gilt eine Kündigungsfrist von zwei Wochen. Ausreichend ist der Zugang der Kündigung noch am 31.12., auch wenn die tatsächliche Beendigung des Arbeitsverhältnisses erst nach Ablauf der zwei Wochen (§§ 187 I, 188 II 1. Alt. BGB) liegt.

Bei einer Kündigung während der Probezeit ist keine vorherige Zustimmung des Integrationsamtes nach § 168 SGB IX erforderlich, da dieser Schwerbehindertenschutz gemäß nach § 173 I Nr. 1 SGB IX erst nach einem sechsmonatigen Bestand des Arbeitsverhältnisses einsetzt.

Beachte
Erforderlich ist gemäß § 178 III 3 SGB IX aber die Beteiligung der Schwerbehindertenvertretung.

Wird eine Arbeitnehmerin während der Probezeit schwanger, ist die Zulassung einer Kündigung durch die für den Arbeitsschutz zuständige oberste Landesbehörde notwendig, § 17 III MuSchG.

---

[113] ErfK/*Müller-Glöge*, § 622 BGB Rn. 15.

2. Befristetes Probearbeitsverhältnis gemäß § 14 I 2 Nr. 5 TzBfG

Zu den Einzelheiten einer Befristung nach § 14 I 2 Nr. 5 TzBfG kann zunächst auf die Ausführungen in Teil F. VI. verwiesen werden. Die wesentlichen Unterschiede zwischen einer Probezeitbefristung nach § 14 I 2 Nr. 5 TzBfG und einem unbefristeten Arbeitsverhältnis mit vorgeschalteter Probezeit sind:

Wesentliche Unterschiede

§ 14 I 2 Nr. 5 TzBfG	Unbefristetes AV
▶ Schriftform, § 14 IV TzBfG	▶ kein Schriftformerfordernis
▶ keine Kündigung erforderlich; endet nach Ablauf der Probezeit	▶ Kündigung erforderlich
▶ ordentliche Kündigung nur bei Vereinbarung nach § 15 III TzBfG	▶ ordentliche Kündigung möglich, es sei denn anderweitige arbeits- oder tarifvertragliche Regelung
▶ grundsätzlich kein Sonderkündigungsschutz	▶ § 17 MuSchG (+); § 168 SGB IX (-)

Eine ordentliche Kündigung des Probearbeitsverhältnisses nach § 14 I 2 Nr. 5 TzBfG vor Ablauf der Probezeit ist also nur bei entsprechender Vereinbarung im Arbeitsvertrag oder einem anwendbaren Tarifvertrag möglich, § 15 III TzBfG.

Wird eine Arbeitnehmerin schwanger, endigt das befristete Arbeitsverhältnis nach § 14 I 2 Nr. 5 TzBfG mit Ablauf der Probezeit. § 17 MuSchG greift mangels Kündigung grundsätzlich nicht ein. Da der besondere Kündigungsschutz nach § 17 MuSchG - anders als z. B. §§ 168, 173 I 1 Nr. 1 SGB IX - keine Mindestdauer des

Arbeitsverhältnisses voraussetzt, greift er bei einer Schwangerschaft während eines unbefristeten Arbeitsverhältnisses mit vorgeschalteter Probezeit ab dem ersten Tag ein. Die Kündigung während der Probezeit bedarf also der Zulassung durch die für den Arbeitsschutz zuständige oberste Landesbehörde, § 17 III MuSchG.

3. Befristetes Arbeitsverhältnis mit vorgeschalteter Probezeit

Wie in Teil B. II. 2. dargestellt, besteht auch die Möglichkeit der Vereinbarung von sog. Doppelbefristungen. Ein Arbeitsvertrag kann z. B. für ein Jahr befristet werden und gleichzeitig eine Probezeit vorsehen, mit deren Ablauf das Arbeitsverhältnis enden soll, ohne dass es einer Kündigung bedarf.

> **Beispiel**
> *„Der Arbeitnehmer wird für die Dauer vom 01.01.2019 bis zum 31.12.2019 befristet als … eingestellt. Die ersten sechs Monate gelten als Probezeit. Das Arbeitsverhältnis endet mit Ablauf dieser Probezeit, ohne dass es einer Kündigung bedarf."*[114]

Trotz der Befristung auf ein Jahr ist also eine Vereinbarung zwischen Arbeitgeberin und Arbeitnehmer notwendig, damit das Arbeitsverhältnis nicht nach Ablauf der sechsmonatigen Probezeit endigt. Wegen dieser „ungewöhnlichen" Vertragsgestaltung sind bei solchen Doppelbefristungen erhöhte Anforderungen an die Transparenz der Regelungen zu stellen.[115]

---

[114] Siehe ErfK/*Müller-Glöge*, § 622 BGB Rn. 14.
[115] Ausführlich BAG vom 16.04.2008, 7 AZR 132/07; Schaub/*Koch*, § 38 Rn. 34.

III. Dauer der Probezeit

Für Berufsausbildungsverhältnisse gilt die in § 20 BBiG bestimmte Dauer. Ansonsten gibt es keine gesetzlichen Regelungen zur Dauer der Probezeit. Grundsätzlich gilt aber die in § 622 III BGB genannte Frist von sechs Monaten. Kann innerhalb dieser Frist keine hinreichende Beurteilung der Leistung des Arbeitnehmers erfolgen, kann ausnahmsweise auch eine längere Probezeit vereinbart werden.[116]

> **Beachte**
> Gemäß § 622 III BGB gilt die Zweiwochenfrist zur Kündigung längsten für die Dauer von sechs Monaten. Nach Ablauf der sechs Monate greift deshalb die Grundkündigungsfrist des § 622 I BGB, sofern nicht abweichende Regelungen nach § 622 IV, V BGB vereinbart sind.

Auch wenn sowohl in § 622 III BGB als auch § 1 I KSchG eine Frist von sechs Monaten genannt ist, handelt es sich dogmatisch um zwei unterschiedliche Fristen. Der Kündigungsschutz greift bei Vorliegen der sonstigen Voraussetzungen nach sechs Monaten unabhängig davon, ob und mit welcher Dauer eine Probezeit vereinbart worden ist.

---

[116] Vgl. Schaub/*Koch*, § 41 Rn. 10.

H. Betriebsverfassungsrechtliche Aspekte

I. Grundlagen

Aus § 5 I BetrVG ergibt sich kein eigenständiger betriebsverfassungsrechtlicher Arbeitnehmerbegriff. Es gilt die sich aus § 611a I BGB ergebende Definition. Befristet eingestellte Beschäftigte sind unter den Voraussetzungen des § 611a I BGB daher auch Arbeitnehmer im betriebsverfassungsrechtlichen Sinn. Das BetrVG ist auf sie anwendbar. Sie sind sowohl aktiv als auch passiv wahlberechtigt.

II. Einstellung

Gemäß § 99 I BetrVG hat der Arbeitgeber den Betriebsrat u. a. vor jeder Einstellung zu unterrichten und ihm die erforderlichen Bewerbungsunterlagen vorzulegen sowie Auskunft über die Person der Beteiligten zu geben. Die Möglichkeiten einer Zustimmungsverweigerung sind in § 99 II BetrVG geregelt. Verweigert der Betriebsrat die Zustimmung, kann der Arbeitgeber beim Arbeitsgericht beantragen, die Zustimmung zu ersetzen, § 99 IV BetrVG.

Nach einhelliger Auffassung liegt eine mitbestimmungspflichtige Einstellung bei jeder Art der Beschäftigung von Arbeitnehmern vor. Hierunter fallen auch befristet Beschäftigte und jede Art von Probezeitbeschäftigte.[117] Auch Verlängerungen befristeter Ar-

---

[117] Statt aller Fitting, § 99 BetrVG Rn. 36.

beitsverträge oder die Umwandlung eines befristeten in ein unbefristetes Arbeitsverhältnis stellen eine mitbestimmungspflichtige
Angelegenheit dar.[118] Daher

> „... ist der Betriebsrat bei einer Einstellung darüber zu unterrichten,
> ob diese befristet oder unbefristet erfolgen soll. Dem entspricht auch
> die ständige Rechtsprechung des Bundesarbeitsgerichts, nach der
> die Weiterbeschäftigung eines Arbeitnehmers über das Ende eines
> befristeten Arbeitsverhältnisses hinaus eine erneut nach § 99 Abs. 1
> Satz 1 BetrVG mitbestimmungspflichtige Einstellung ist."[119]

Allerdings habe der Betriebsrat, so das BAG, bei befristeten Ein-
stellungen keinen Anspruch auf Mitteilung, ob die Befristung sachgrundlos erfolgen oder worin ggfl. der Sachgrund liegen solle. Der
Betriebsrat benötige diese Informationen nicht, um sein Recht zur
Stellungnahme nach § 99 II BetrVG sachgerecht ausüben zu können.

Liegen die Voraussetzungen für eine Befristung nach § 14 I - IV
TzBfG nicht vor, besteht kein Zustimmungsverweigerungsrecht
nach § 99 II Nr. 1 BetrVG. Nach herrschender Auffassung hat der
Betriebsrat kein Recht zu inhaltlichen Vertragskontrolle.

> „Dem Betriebsrat obliegt im Rahmen seiner Mitbestimmung bei der
> Einstellung nicht die Vertragsinhaltskontrolle, ob die zwischen der Ar-
> beitgeberin und dem einzustellenden Arbeitnehmer vereinbarte Be-
> fristung den Voraussetzungen des § 14 Abs. 1 bis 4 TzBfG ent-
> spricht. Insbesondere könnte er der Einstellung nicht mit der Begrün-
> dung widersprechen, die arbeitsvertraglich vereinbarte Befristung sei
> unzulässig. ... Die Frage, ob ein befristeter Vertrag mit einem einzu-
> stellenden Arbeitnehmer sachgrundlos oder mit einem sowie ggf.

---

[118] ErfK/*Kania*, § 99 BetrVG Rn. 6.
[119] BAG vom 27.10.2010, 7 ABR 86/09.

welchem Sachgrund geschlossen wird, berührt die kollektiven Interessen der Belegschaft nicht."[120]

Allerdings kann sich ein Zustimmungsverweigerungsrecht aus § 99 II Nr. 3 BetrVG ergeben. Besteht die durch Tatsachen begründete Besorgnis, dass infolge einer personellen Maßnahme im Betrieb beschäftigte Arbeitnehmer gekündigt werden oder sonstige Nachteile erleiden, kann der Betriebsrat seine Zustimmung verweigern. Als Nachteil in diesem Sinn gilt bei einer unbefristeten Einstellung auch die Nichtberücksichtigung eines gleich geeigneten befristet Beschäftigten. Hieraus ergibt sich ein Recht des Betriebsrates, die Personalpolitik des Arbeitgebers insoweit zu beeinflussen, als im Betrieb befristet Beschäftigte die Chance erhalten sollen, in ein unbefristetes Arbeitsverhältnis „übernommen" zu werden.[121]

III. Unterrichtungspflichten

Dieses fehlende Recht zur Vertragsinhaltskontrolle wirkt sich auch auf die Unterrichtungspflichten nach § 80 II BetrVG aus. Nach § 80 II 1 HS 1 BetrVG ist der Arbeitgeber verpflichtet, den Betriebsrat zur Durchführung seiner betriebsverfassungsrechtlichen Aufgaben rechtzeitig und umfassend zu informieren. Die Aufgaben des Betriebsrates folgen aus § 80 I BetrVG. Die sich aus § 80 II 1 HS 1BetrVG ergebende Pflicht zur Unterrichtung soll den Betriebsrat in die Lage versetzen, selbstständig und in eigener Verantwortung zu prüfen, ob er zur Aufgabenwahrnehmung

---

[120] BAG vom 27.10.2010, 7 ABR 86/09.
[121] Vgl. HaKo-BetrVG/*Kreuder*, § 99 Rn. 28.

tätig werden kann bzw. muss. Eine solche Verpflichtung zur Unterrichtung besteht nach Auffassung des BAG nicht.

> *„Zwar gehören zu den vom Betriebsrat nach § 80 Abs. 1 Nr. 1 BetrVG zu überwachenden, zugunsten der Arbeitnehmer geltenden Gesetzen auch das Teilzeit- und Befristungsgesetz (TzBfG) und das Wissenschaftszeitvertragsgesetz (WissZeitVG). Die betriebsverfassungsrechtliche Überwachungsaufgabe ist aber nach dem eindeutigen Gesetzeswortlaut auf die „Durchführung" ua. von Gesetzen gerichtet. „Durchzuführen" sind Verbote und Gebote. Derartige Untersagungs- oder Handlungsdiktate sind zB in §§ 4 bis 8, § 10 und §§ 18 bis 20 TzBfG geregelt. Allein deren „Durchführung" hat der Betriebsrat zu überwachen, und die hierfür benötigten Auskünfte sind ihm zu erteilen. Die weitergehende „Beachtung" der gesetzlichen Bestimmungen über das Befristungsrecht hat der Betriebsrat nicht zu überwachen. Das TzBfG und das WissZeitVG „verbieten" den Arbeitsvertragsparteien nicht den Abschluss von befristeten Arbeitsverträgen, die den Voraussetzungen des § 14 Abs. 1 bis 4 TzBfG nicht genügen."*[122]

Der Betriebsrat habe deshalb auch keinen Anspruch darauf, dass der Abschluss eines unwirksam befristeten Arbeitsvertrages unterbleibe. Rechtsfolge der unwirksamen Befristung sei nach § 16 S. 1 TzBfG ein unbefristetes Arbeitsverhältnis. Es gehöre nicht zu den Aufgaben des Betriebsrats, den Eintritt dieser Rechtsfolge zu verhindern.[123]

Allerdings ergibt sich aus § 20 TzBfG ein besonderer Informationsanspruch. Die Arbeitgeberin hat die Arbeitnehmervertretung über die Anzahl der befristet Beschäftigten und ihren Anteil an der Gesamtbelegschaft zu informieren.

---

[122] BAG vom 27.10.2010, 7 ABR 86/09.
[123] Wie vor.

IV. Beendigung

Gemäß § 102 I 1 BetrVG ist der Betriebsrat vor jeder Kündigung zu hören. Fehlt es an einer ordnungsgemäßen Anhörung, ist die Kündigung unwirksam, § 102 I 3 BetrVG. Endet das Arbeitsverhältnis aufgrund einer Befristung, liegt keine Kündigung vor. Eine Anhörungspflicht nach § 102 I BetrVG besteht daher nicht.[124]

Anders ist dies bei einer - ordentlichen oder außerordentlichen - Kündigung während der Laufzeit des befristeten Vertrags. Hier bestehen die normalen Beteiligungsrechte.

---

[124] Zu den im Zusammenhang mit der Beendigung aufgrund einer Befristung ansonsten auftauchenden Problemen vgl. DKK/*Kittner/Bacher*, § 102 Rn. 23 und Fitting, § 102 Rn. 23.

I. Prozessuale Fragen

Will ein Arbeitnehmer die Unwirksamkeit der Befristung seines Arbeitsvertrages geltend machen, muss er gemäß § 17 S. 1 TzBfG innerhalb von drei Wochen nach dem vereinbarten Ende des befristeten Arbeitsvertrages Klage auf Feststellung erheben, dass das Arbeitsverhältnis auf Grund der Befristung nicht beendet ist. Diese „Entfristungsklage" ist eine Feststellungsklage, für die die Arbeitsgerichtbarkeit gemäß § 2 I Nr. 3 b) ArbGG zuständig ist.

Die Vorschrift gilt für alle Arten der Befristung und auch für auflösende Bedingungen nach § 21 TzBfG. Bei mehrfach hintereinander geschlossenen befristeten Arbeitsverträgen gilt die Frist für jeden dieser Verträge.[125] Nach der Rechtsprechung des BAG findet § 17 TzBfG auf die Befristung einzelner Arbeitsbedingungen keine Anwendung.[126]

Gegenstand der Befristungskontrolle durch das Arbeitsgericht ist grundsätzlich der letzte befristete Arbeitsvertrag. Durch den Abschluss eines neuen befristeten Arbeitsvertrages zeigen die Parteien i. d. R., dass nur dieser neue Vertrag für ihre Rechtsbeziehungen relevant sein soll.[127]

---

[125] Siehe AnwK-ArbR/*Worzalla*, § 17 TzBfG Rn. 5 f.
[126] Vgl. z. B. BAG vom 24.02.2016, 7 AZR 253/14.
[127] Zu den Ausnahmen von diesem Grundsatz vgl. Schaub/*Koch*, § 38 Rn. 61 ff und ErfK/*Müller-Glöge*, § 17 TzBfG Rn. 10 ff.

Wird die Frist versäumt, greift über den Verweis in § 17 S. 2 TzBfG die Fiktionswirkung des § 7 HS 1 KSchG. Die Befristung gilt dann als rechtswirksam.[128]

Setzen die Parteien das Arbeitsverhältnis nach dem vereinbarten Ende oder nach Zweckerreichung mit Wissen und Wollen des Arbeitgebers fort, gilt es gemäß § 15 V TzBfG als auf unbestimmte Zeit verlängert, sofern der Arbeitgeber nicht unverzüglich (§ 121 BGB) widerspricht oder dem Arbeitnehmer die Zweckerreichung nicht unverzüglich mitteilt. In diesem Fall beginnt die Frist des § 17 TzBfG mit dem Zugang der schriftlichen Erklärung des Arbeitgebers, dass das Arbeitsverhältnis auf Grund der Befristung beendet sei.[129]

---

[128] Allerdings kann ein Arbeitnehmer einen Antrag auf Zulassung der verspäteten Klage gemäß § 5 KSchG stellen.
[129] Der Anwendungsbereich der Vorschrift umstritten; vgl. HK-TzBfG/*Joussen*, § 17 Rn. 35 ff.

MIX

Papier | Fördert
gute Waldnutzung

FSC® C083411

Zeitfracht Medien GmbH
Ferdinand-Jühlke-Straße 7
99095 Erfurt, Deutschland
produktsicherheit@kolibri360.de